Tutti brasiliani

Tutti brasiliani

Ivanir José Bortot

Dos Alpes Italianos ao Brasil,
fragmentos de memória de 300 anos dos Bortot

Libretos

Porto Alegre, 2021

1ª reimpressão

© Ivanir José Bortot, 2020

Direitos da edição reservados à Libretos Editora.
Permitida a reprodução somente se referida a fonte.
[2021]

In memoriam
Aos meus antepassados, em especial
à bisavó Anna Maria Molinet, pela consolidação
da família no Brasil, e ao avô Giuseppe Bortot,
pelo exemplo de vida.

◆

Os *sinais de vida de meu avô escorriam pelos dedos. A mão quente era agora uma pele que esfriava. Os olhos se movimentavam como à procura de uma saída. As minhas tias rezavam sem parar o Padre Nosso e a Ave Maria, intercalados de palavras em latim, como se pedissem ajuda aos santos, em meio a soluços e choro. Tomado por um frio que subia pelo estômago, meu lamento ficou preso na boca.*

Ao lado, Giuseppe e netos,
no ano de 1960, em Pato Branco/PR.

Sumário

13
Capítulo 1
DOS ALPES À SERRA GAÚCHA

Na chegada, Alighieri
O registro da imigração
A inspiração de Garibaldi
Era preciso ficar longe da morte
Belluno, a origem
Tia Agnese com a palavra
O grande ilícito

41
Capítulo 2
"NÃO SE PODE VIVER DO PASSADO"

A promessa imperial
Outros Bortot no Brasil
A sobrevivência familiar
Mata cerrada e encosta de morro
A esperança do *nonno*
Amizade, mutirão e fome
A resistência ao banho
A Igreja e a comunidade
I nipoti brasiliani

67
Capítulo 3
SEM ATALHO PARA OS SONHOS

A chuva tropical
Sono felice
De repente, a Revolução
O adeus de Bortolo
O sentido da vida para Beppe
Giuseppe se junta ao filho
Maioridade aos dez anos
No fundo do poço, literalmente
O minifúndio expulsa os Bortot

91
Capítulo 4
FINALMENTE, TERRAS PLANAS
Um pé na agricultura, outro na indústria
Os filhos para Porto Alegre
Positivismo e duas guerras civis
A Revolução na porteira
"Ponham os penicos na cabeça"
"Como o senhor explica essa violência?"

109
Capítulo 5
"A DETERMINAÇÃO DE IR ADIANTE"
Pedro, o gosto pelo comércio
Os Bortot em novo deslocamento
Busca de nova fronteira
O traiçoeiro Rio Uruguai
A enchente impediu
Não havia dinheiro, só escambo
20 alqueires por um cavalo encilhado
Revolucionários entre os fundadores
Uma casa de caboclo
O fazendeiro que matava os peões
Dois donos de terras a perder de vista
Por ali passou a Coluna Prestes
Pedro vai, Giuseppe fica
Heleodoro no "Julinho"
A cautela de Pedro
Nova fronteira
Anna morre sob o luar
A Revolução de 1930

137
Capítulo 6
A MARCHA PARA O OESTE
Carmela e os onze filhos
Negócio para um dono só
Uma onça no caminho
Em casa com Francisco Beltrão
As conquistas civilizatórias

Segunda Guerra no Brasil e na Itália
Afinal, um médico
Dodge, uma joia de caminhão
Erva-mate, um novo investimento
O destino de Angela
O desastre
Mau pressentimento
A morte afetou a todos nós
Um ônibus para a fronteira
Compras só à vista
O Diabo no Baile de Aleluia

169
Capítulo 7
NIETZSCHE E MARX NA BIBLIOTECA
"Será a mesma doença da mãe?"
A morte do pioneiro
A primeira geração de doutores

179
Capítulo 8
O INFERNO DE DANTE
Conluio de políticos e grileiros
A Citla começa a matar
A revolta de posseiros
Iraci, um exemplo de superação
Mãe e irmão, a mesma dor

191
EPÍLOGO
"Jeca, segura a mão de teu *nonno*"
A derradeira mensagem

196
Sobre a pesquisa

197
A família Bortot – descendentes desde 1883

204
Referências bibliográficas

205
Fontes de pesquisa

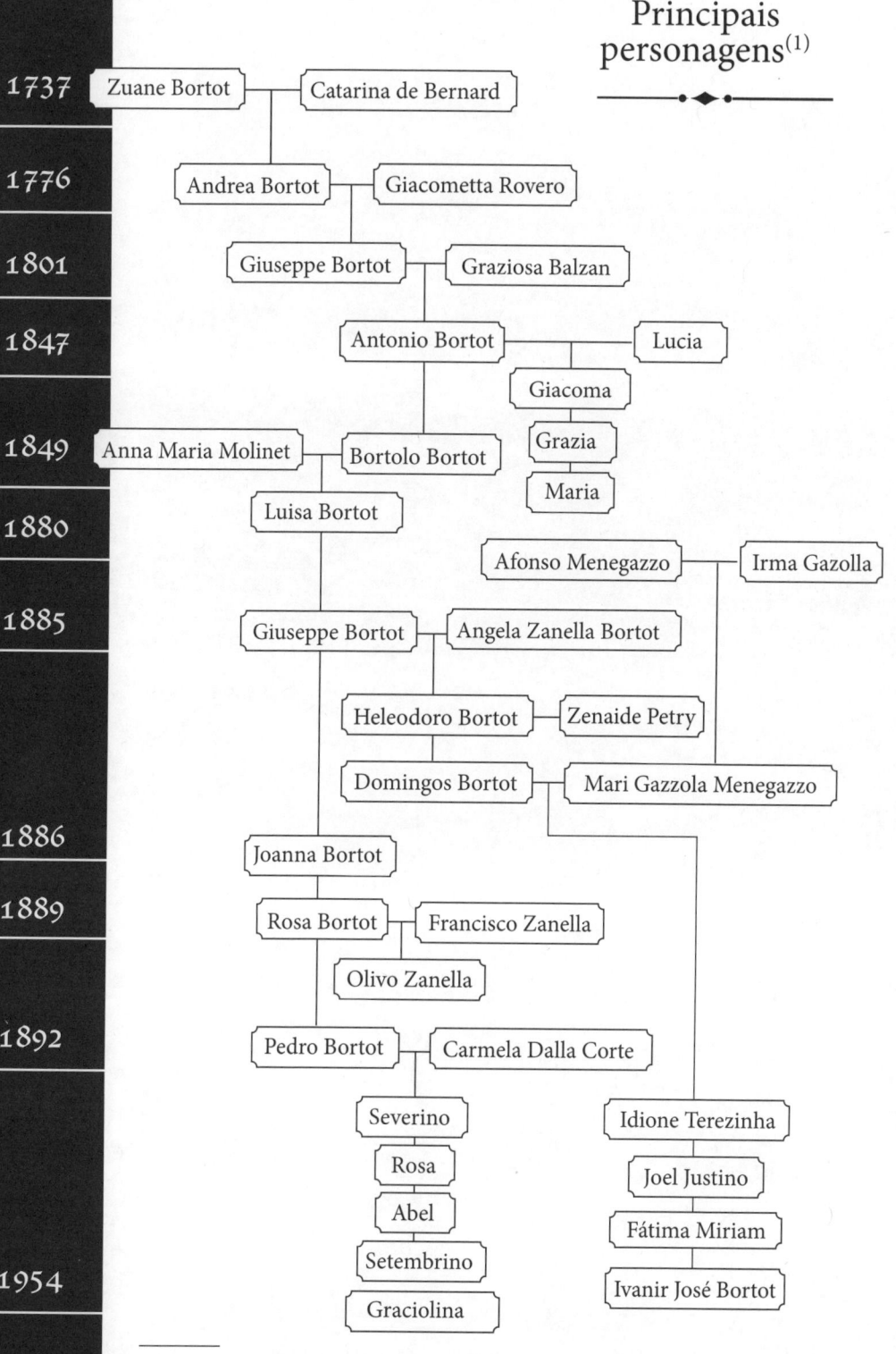

Principais personagens[1]

1. A partir da pág. 197 estão publicados os nomes de diversas gerações da família.

As montanhas de Modolo e os documentos sobre os Bortot encontrados em Belluno.

Capítulo 1

DOS ALPES
À SERRA GAÚCHA

PARROCCHIA "SANTA MARIA ASSUNTA"
Via Primo Capraro, 1 - Tel. (0437) 925143
32024 CASTION - BELLUNO

Il sottoscritto don Ottorino Pierobon, parroco di Castion di Belluno, attesta che nel registro dei nati e battezzati – anno 1849 – di questa parrocchia risulta quanto segue:

«BORTOT BORTOLO è nato a Modolo di Castion il 28 luglio 1849, è figlio di Giuseppe e di Balzan Graziosa, sposati a Castion il 23 novembre 1835,
è stato battezzato lo stesso dì dal cooperatore don De Menech, essendo madrina Bogo Domenica da Modolo».

In fede, ecc.

Castion, 20 febbraio 2004

Il parroco
(don Ottorino Pierobon)

VISTO
per l'autenticità della firma
Belluno, 20 FEB. 2004
Il Cancelliere V.

Certidão de nascimento
de Bortolo Bortot
1849.
Fonte: *Cúria Diocesana de Belluno*

Apesar dos ventos e das ondas do Rio Caí, o barco finalmente ancorou, dando por concluída a travessia de 39 dias por mares como o Adriático, o Mediterrâneo, o Atlântico, além da Lagoa dos Patos e do delta do Guaíba, desde o porto de Veneza até Montenegro, no Rio Grande do Sul. Pisar em terra firme e sentir os pés na lama vermelha era o sonho que se concretizava naquela sexta-feira chuvosa, 2 de fevereiro de 1883. O coração de Bortolo batia fora de compasso. Os olhos registraram em segundos o verde das frondosas árvores da América, as aves exuberantes, a terra para o cultivo e a esperança de uma vida próspera e longa. Sem desgrudar-se da família e da longa fila de imigração, ele só não percebeu que tinha caído no laço do destino ao abandonar a Europa. Não viveria o suficiente para ver a geração de netos.

Bortolo deixara para trás a histórica cidade de Belluno, de 16 mil habitantes, então já com modestos teatros, igrejas medievais, bons hospitais, bons alfaiates e bons sapateiros, onde, apenas 34 anos antes, seu pai Giuseppe e seus tios ainda participaram da luta armada contra invasores estrangeiros. Em Belluno deixaram amigos, parentes, o ar e a beleza das montanhas Dolomitas, pedaço dos Alpes que muito prezava. Precisava agora olhar para a frente e decifrar o que a cabeça tinha dificuldade de registrar, como a nova língua, o preço das mercadorias, a relação de troca da moeda, as leis brasileiras, a dinâmica dos negócios desta América. Tinha que aprender rapidamente, pensava naquela fila de 500 metros, enquanto a *paura* invadia sua alma e fazia tremerem-lhe os joelhos. Imaginava o processo de aquisição de sua colônia de terra, a compra de ferramentas e sementes e a contratação de quem os levassem através da mata virgem até então inexplorada, na Serra Gaúcha, a uns 20 quilômetros da hoje cidade de Caxias do Sul. Na época ainda era distrito de São Sebastião do Caí e, entre vários outros nomes, se chamava Campo dos Bugres e Freguesia de Santa Tereza de Caxias. Anna Molinet lembrou ao marido que iriam precisar de panelas, uma chapa de fogão e utensílios mínimos para cozinhar. Roupa pessoal, toalhas, lençóis, cobertores e também alguns talheres tinham trazido da Itália. A pequena Luisa, de três anos, e o *nonno* Giuseppe (Beppe), com 83[2], eram os que mais recebiam atenção das autoridades de imigração. Ruiva, pele branca como leite, Luisa enfrentou a forte exposição ao sol e as péssimas condições de higiene do navio. As estatísticas da época indicavam que 40% das crianças europeias que migraram para a América não resistiram à fome e às doenças contagiosas que proliferavam nas embarcações. Morriam na travessia ou nos primeiros meses no novo país. Luisa estava ali, saudável e festejada. Giuseppe tinha consciência dos riscos daquela aventura: se não morrera na Itália, isso poderia acontecer a qualquer momento no meio do oceano ou, pelas condições adversas, na floresta brasileira.

A experiência de emigração tinha seu preço. Beppe não esquecera os relatos sobre as dificuldades de adaptação que tiveram seus antepassados que deixaram a França para viver no nordeste da Itália. Ou tomaram o mesmo destino, vindos da Áustria. Até hoje não se sabe ao certo de onde vieram os Bortot. Giuseppe e seus descendentes mais próximos contavam que seus tataravós tinham vindo da França para as montanhas da Itália devido a uma enfermidade respiratória muito comum entre eles. As condições de umidade agravavam a sua doença pulmonar. Precisavam mudar-se para um local mais alto e de ar seco para melhorar a res-

---

2. Na informação do Arquivo Histórico de Montenegro consta 71 anos, o que poderia ter sido erro da pessoa que fez o registro ou Beppe teria declarado menor idade receando ser enviado de volta por velhice.

piração e continuar a viver em um território que começava a ser conquistado pelo império austríaco. Há registros de nascimento e morte de muitos Bortot nas comunidades francesas do século XV em Chalon-Sur e Soussey-Sur-Bonnie, condado de Côte-d'Or.

O escritor italiano Fulcio Bortot, 65 anos, afirma que os Bortot vieram de Salzburg, Áustria, para a Itália por volta de 1400. "Meu pai, nascido em 1914, meu avô paterno, que era de 1888, além de minha tia-avó, sustentavam que a origem era 'habsbúrgica'[3], austríaca", diz. França ou Áustria, qualquer dos dois países poderia ser a origem dos Bortot. A escrita e a sonoridade do sobrenome indicariam qualquer uma das ascendências. Grande parte dos sobrenomes austríacos finaliza com consoantes e o mesmo acontece com os franceses. A diferença está na pronúncia. *Bortô* para os que preferem a França; *Bortót*, a Áustria.

Nos arquivos mais antigos da província de Belluno, o da Igreja de Castion, Fulcio encontrou documentos que comprovam a presença dos Bortot no Campi de Modolo desde 1666. Na cidade de Bassano, no Vêneto, perto de Veneza, Fulcio fotocopiou um documento – "legítimo ou não, sou incapaz de assegurar" – em que se informa que o duque de Ferrara, da família Estensi, concedeu aos Bortot a condição de nobres, um grau de nobreza inferior ao de conde, mas superior ao de cavalheiro. Estensi era uma família de duques e condes aparentados com a família imperial dos Habsburg, que dominavam a política e a economia das regiões de Ferrara, Modena, Reggio. Os Bortot teriam sido contratados pelos Estensi como agricultores ou artesãos, mas há fontes que os incluíam entre os mercenários que serviam à aristocracia na disputa por terras e poder. Posteriormente, sempre com fontes duvidosas, segundo Fulcio, a família teria caído em desgraça e perdido todos os bens e privilégios.

---

3.   Referente à família Habsburg, cujos integrantes foram reis e rainhas de vários países da Europa nos sécs. XVI e XVII.

Na chegada, Alighieri

Giuseppe, mais um Bortot em nova emigração, queria agora passar os últimos dias de vida junto dos filhos e netos onde eles estivessem. Com sorte, pensava, viveria mais dez anos e enterraria os ossos na América. Pouco letrado, mas possuidor de uma memória de elefante, dom que ele próprio se atribuía e se orgulhava, lembrava-se de tudo que fizera e aprendera na vida e, em especial, os versos do poeta de Florença Dante Alighieri, recitados pelo general Montemezzo, seu comandante em guerras passadas, sempre que tinha uma batalha pela frente. Com voz rouca inconfundível, Giuseppe declamou o primeiro canto do *Paraíso* de *A divina comédia*, escrito no século XIII, para a multidão de compatriotas:

La gloria di colui che tutto move
Per l'universo penetra, e risplende
In una parte più e meno altrove

Nel ciel che più de la sua luce prende
Fu' io, e vidi cose che ridire
Né sa né può chi di là su discende;

Perché appressando sé al suo disire
Nostro intelletto si profonda tanto
Che dietro la memoria non può ire

Veramente quant'io del regno santo
ne la mia mente potei far tesoro,
sarà ora materia del mio canto.

O buono Appollo, a l'ultimo lavoro
fammi del tuo valor sì fatto vaso,
come dimandi a dar l'amato alloro.

Infino a qui l'un giogo di Parnaso
assai mi fu; ma or con amendue
m'è uopo intrar ne l'aringo rimaso.

Paraíso[4]
Canto I

> À glória de quem tudo, aos seus acenos,
> Move, o mundo penetra e resplandece,
> Em umas partes mais, em outras menos.
>
> No céu onde sua luz mais aparece,
> Portentos vi que referir, tornando,
> Não sabe ou pode quem à terra desce;
>
> Pois, ao excelso desejo se acercando,
> A mente humana se aprofunda tanto
> Que a memória se esvai, lembrar tentando.
>
> Os tesouros, porém, do reino santo
> Que arrecadar-me pôde o entendimento
> Serão matéria agora de meu canto.
>
> Faz-me neste final cometimento,
> Bom Febo, do teu estro eleito vaso,
> Que tenha ao louro amado valimento.
>
> Fora-me assaz um cimo do Parnaso;
> Daquele e do outro necessito agora
> Para vencer na liça a que me emprazo.

Aplausos dos imigrantes que estavam na fila. Os brasileiros entenderam que se tratava de um poema, mas ficaram indiferentes. O cérebro de Antonio, 36, pulsava, cheio de ideias. Pensava no que estava para acontecer. Iria, junto com seu irmão Bortolo, construir os pilares da família na América. Desejava cultivar vinhas e produzir vinho, exercer sua profissão de ferreiro, depois de atendidas as obrigações estabelecidas pelas autoridades brasileiras na atividade agrícola.

---

4.   *A divina comédia*, de Dante Alighieri, tradução de José Pedro Xavier Pinheiro (1822-1882). *eBooksBrasil.com*

O registro da imigração

O agente portuário de Montenegro fez o seguinte registro de nove membros da família Bortot em seu livro contábil a 23 de fevereiro de 1883: número do lote 192 pertence a Bortot, Bortolo, 33 anos, sexo masculino, casado, católico, agricultor, nacionalidade italiana. Anna Molinet, sexo feminino, casada, católica, agricultora, nacionalidade italiana. Luisa Bortot, 3 anos de idade, filha de Bortolo e Anna, de nacionalidade italiana. Giuseppe, católico, agricultor, italiano, viúvo com 71 anos[5]. Antonio Bortot, 36 anos, católico, agricultor, italiano. Lucia Bortot, 34 anos, casada com Antonio, católica, agricultora, italiana. Giacoma Bortot, 12 anos, solteira, católica, italiana. Grazia Bortot, 5 anos, católica, italiana, e Maria Bortot, 2 anos, italiana. Todas as três meninas são filhas de Antonio e Lucia.

"*Dove siamo tutti brasiliani*", disse Giuseppe ao passar pela imigração. Uma rotina simples, mas que tomava muito tempo pela dificuldade de imigrantes e funcionários se entenderem. Quem fazia as entrevistas tinha as mesmas dúvidas dos que estavam chegando. "*Dobbiamo parlare in questa lingua brasiliana, dove, capito?*", indagou o *nonno*. Bortolo considerou que essas palavras lhe soaram como se estivesse arrancando uma camada de sua pele para nascer outra. Agora estavam em um país cuja língua não entendiam e não sabiam ler ou escrever. A *paura* só aumentou. Dependeriam de seus compatriotas mais antigos para fazer a tradução do italiano para o português, na intenção de comprar comida ou simplesmente ir ao banheiro. E lá foram eles trocar as duas mil liras por 100 mil réis brasileiros. Ficaram maravilhados com tantas moedas. A alegria durou poucas horas. O dinheiro foi insuficiente para comprar tudo o que era necessário para instalar-se na terra que tinham recebido do governo imperial, a ser paga em 10 anos. As ferramentas (foice, facão, machado e serra) e as sementes para

---

5.   Ver nota 2 na página 16.

o plantio tiveram que ser financiadas. Os 300 mil réis foram quase todos usados para pagar o transporte de Montenegro a Forqueta, cerca de 72 quilômetros. Afinal, diziam, aonde não precisariam de dinheiro, pois faltavam estabelecimentos comerciais para adquirir qualquer mercadoria. O que se fazia era a troca de produtos em uma espécie de feira junto à igreja da colônia.

Artimédio, 50 anos, um italiano da Calábria, apresentou seus serviços de homem do mato para transportar a família de Bortolo com segurança à terra prometida. Seriam três dias de viagem até chegar ao lote, de barco pelo Rio das Antas e, depois, em uma carroça morro acima. A viagem quase exauriu as economias de Bortolo. "*Questi maledetti calabresi*", repetia mentalmente Giuseppe. E imaginava como reagiria em sua pátria diante de uma situação de extorsão como aquela, com a reputação de quem pertencera às tropas de Giuseppe Garibaldi na unificação italiana.

No Vêneto, poucos se atreveriam a explorar tão descaradamente um herói de guerra. "É um preço justo para que vocês possam chegar com segurança a Forqueta", justificava-se Artimédio. Ele estava se referindo ao fato de que muitas famílias de imigrantes eram roubadas e, às vezes, assassinadas por salteadores. Artimédio subia a serra em comboio. Eram centenas de carroças que transportavam várias famílias. Cada uma das carroças era puxada por duas juntas de bois caracu, um animal alto, forte e leve. próprio para percorrer grandes distâncias em terreno acidentado. A estrada seguia ladeada de uma mata muito fechada com grande variedade de espécies desconhecidas de todos. O cheiro do mato também era bem diferente do europeu, assim como a cantoria dos pássaros e os ruídos de outros animais.

A inspiração de Garibaldi

Giuseppe, que tinha uma consolidada experiência de economia de subsistência e estratégia de sobrevivência na guerra, onde é tão importante vencer o inimigo nas armas quanto dispor de meios para se alimentar, estava muito animado porque iria conhecer Giuseppe Garibaldi, grande líder revolucionário. No dia 3 de março de 1867, encontraram-se em um almoço na casa de Jacopo de Bertoldi, na área urbana de Belluno. "Os Bortot já deram prova do compromisso com a defesa da soberania de nossa pátria há muito tempo. O senhor pode contar com eles", disse Bertoldi ao apresentar Giuseppe Bortot a Garibaldi. Bertoldi lembrou os registros históricos da república de Veneza, onde constava a homenagem a Giulio e a Lamberto Bortot, que lutaram contra a invasão do território por estrangeiros. Giuseppe Bortot estava sendo praticamente constrangido a honrar a tradição familiar.

Os Bortot tinham imigrado para a Itália, entre outros motivos, a fim de escapar das constantes invasões de povos do leste europeu. Quanto mais distantes desses confrontos, maiores as chances de sobrevivência, especialmente em uma área de terras protegidas pelas montanhas. Porém, na Itália, tinham pego em armas diversas vezes, em defesa dos interesses de nobres locais ou no combate ao invasor austríaco. Agora Garibaldi surgia como defensor da unidade italiana e com um discurso que agradava mais aos meeiros do que aos donos da meação. A conversa com Garibaldi fluiu sobre as terras, clima e futuro promissor do Brasil, onde o revolucionário italiano tivera participação como ministro da Marinha no governo dos Farrapos e casou-se com a brasileira Anita. O revolucionário voltou a falar sobre os compromissos dos Bortot com a democracia e a liberdade, em discurso a milhares de pessoas, no mesmo dia, na Praça Duomo. O local equivale a um campo de futebol cercado de prédios públicos, museu, casas residenciais e de comércio, na área central de Belluno. Garibaldi, falando a uma multidão, se referiu a Pedro Bortot, que, juntamente com doze compatriotas[6], foi assassinado por defender o povo italiano em 1849 contra a ocupação do território pela Áustria. Até hoje, em uma placa de bronze na Praça Duomo

---

6.   Tasso Jacopo, Jovita Bortolo Cerri, Alessandro Danieli, Cesare Martini, Emílio de Pluri, Antonio D'Incá, Giovanni Fol, Pietro Fol, Carlo Locatelli, Osvaldo Sala, Giovanni Scagnet e Francesco Antonio Zannon.

é feita homenagem aos heróis da resistência. Os compromissos de Giuseppe com Garibaldi foram honrados e ele integrou-se ao exército revolucionário. Seria sua última participação nesse tipo de movimento. Queria dar fim ao ciclo de lutas, violência e perda de familiares. Era hora de construir uma vida de paz no Brasil.

Os comentários de Garibaldi sobre o Brasil consolidavam a convicção de Beppe: tinha diante de si a melhor escolha. Naquele momento toda a região do Vêneto estava sob o controle do governo imperial austro-húngaro. Era a união do império da Áustria com o reino da Hungria, sob o comando da família Habsburg, iniciada há séculos e que só teria fim em outros países da Europa com a Primeira Guerra Mundial.

A Itália conseguiu se libertar dessa ocupação estrangeira em 1869 com o movimento de unificação liderado por Garibaldi. Giuseppe tinha educado seus filhos nas armas como instrumentos de defesa pessoal e queria um futuro longe da guerra. O *nonno* carregava uma experiência de grandes traumas para si e sua família. A guerra de agora era a do êxodo, também necessitada de coragem e determinação, mas Giuseppe a fazia por vontade própria e para continuar junto dos filhos e não mais por imposição da Igreja ou influência da família do conde Miari Fulcis, senhor todo-poderoso de Belluno.

Giuseppe sabia que o amargo retorno de uma guerra não resultaria em proveito pessoal. Em vários períodos, quando esteve em luta nas montanhas, a produção foi interrompida. A família, depois de consumir as reservas, passou fome. Em tempos bélicos, os Miari Fulcis distribuíam, às vezes, alguns alimentos, que eram muito bem administrados por Graziosa Balzan, a mulher de Giuseppe. A guerra, na verdade, era dos senhores feudais, mas quem pagava com sacrifícios ou com a vida eram as pessoas que cultivavam seus campos. Os padres ajudavam a convencê-las a lutar. Na tentativa de expulsão das forças do império austríaco, quando morreu Pedro Bortot, a elite italiana estava dividida. As conversas no palácio dos Miari Fulcis refletiam o problema. Se apostassem no lado errado, poderiam sofrer consequências, como perder o domínio de Modolo, uma imensa área de terras férteis que ia de Belluno até Feltre, e, eventualmente, a própria vida. Em função da influência divina que tinha sobre a realeza austríaca, a Igreja desempenhava, como sempre, o importante papel de antecipar tendências e negociar com os vencedores os interesses daqueles senhores abastados. Não foi possível identificar em que posição estavam os donos do feudo nesse conflito dos bellunenses com o império austro-húngaro. Na realidade, os antigos Miari tinham, há séculos, uma relação muito próxima com os austríacos e húngaros. Em 1412, Giovanni Antonio Miari foi condecorado como conde pelo imperador Sigismund da Hungria e Antonio Miari tornou-se membro do Congresso de Viena.

A morte de Pedro nas montanhas de Cadore era consequência dessa divisão de pensamento sobre a unificação da Itália e expulsão dos invasores. Ele era alto e forte, o que destoava da média das pessoas da região. O domínio com espada e pontaria em arma de fogo lhe davam uma grande vantagem sobre os oponentes. Pedro era de pouca fala e muita ação, e a causa antiaustríaca conseguia adeptos entre a população que vivia nessa região de montanhas, que conhecia como a palma da mão. Alcançou muitas vitórias em embates contra as forças profissionais da Áustria e tornou-se uma ameaça ao poder imperial. O movimento, que durou cerca de um ano, tinha também apoio de alguns comerciantes e artesãos de Belluno, cansados dos impostos que eram obrigados a pagar. Pedro e outros líderes bellunenses foram emboscados e mortos numa caverna na montanha, próximo à atual cidade de Cadore.

Um traidor delatou a existência da reunião e informou aos austríacos onde estavam os revolucionários. A morte desses comandantes, que se reuniram secretamente para definir a estratégia de independência da Itália, provocou a desestruturação das tropas e afugentou os poucos apoiadores feudais com que os italianos poderiam contar. Com superioridade de suprimentos e armas, melhor organização e sem ausência de comando, os austríacos retomaram o controle de Belluno, Feltre e demais aldeias do Vêneto. O castigo imposto aos perdedores foi implacável. Os Bortot estavam nessa condição. Tiveram que baixar a cabeça, trabalhar duro na terra e preservar o que lhes restava: a vida.

Era preciso ficar longe da morte

Giuseppe Bortot também não gostava de ir à guerra pela dificuldade de lidar com a morte. Sentia-se abalado quando tinha que matar um porco, uma vaca, para alimentar os filhos. Os animais, criados junto à propriedade, eram como extensão da família. Abatia-os com grande precisão e rapidez para não causar sofrimento maior do que o necessário. Era uma facada só, a partir do pescoço até o coração do porco. No boi, cortava, antes de sangrar, o conjunto de nervos que liga a cabeça ao tronco do animal, de tal forma que este caía e ficava imobilizado. Nas guerras de que participou, Giuseppe tinha a missão de eliminar o inimigo em nome da pátria, ou morrer por ela. Sua aptidão com a mão esquerda evitou-lhe perder a vida e permitiu vencer muitos dos seus oponentes. Tinha um pulso firme e certeiro. Se tivesse que matar para continuar vivo, faria isso com pesar, precisão e rapidez. Experiências como essas Giuseppe não queria repetir.

A violência da guerra no vale onde morava vinha de séculos, não só no envolvimento entre soldados, mas de mulheres e crianças. As terras do conde Miari ficavam no final de uma cadeia de montanhas, das quais a mais famosa era a D'Ampezzo, que vai da fronteira atual da Áustria até Belluno. Os invasores sempre faziam esse percurso montanhoso com poucos alimentos e sob baixas temperaturas. Ao chegar às terras do conde estavam desesperados por comida e um abrigo quente, matavam quem se lhes opusesse. O estupro estava entre as violências sofridas por mulheres e meninas.

Belluno, a origem

A existência de Belluno como conglomerado de pessoas é de três séculos antes de Cristo, com populações nativas, bárbaras e arianas. A presença romana só ocorreu com o imperador Júlio César, que ocupou a região em 58 a. C.. A província de Belluno, considerada um dos mais bonitos vales dos Alpes, ao pé do Monte Schiara, montanha única em formação geológica e beleza, tinha uma longa história de ocupações estrangeiras, com forte influência de bizantinos, lombardos e francos.

Na Idade Média, a população sofreu com a disputa entre guelfos e gibelinos, sem falar que durante mais de um século esteve em disputas com a Áustria.

Um infortúnio por estar no lado dos vencidos na guerra, com perda de bens e prestígio, fez os Bortot saírem da região do Alto Vicentino, no Vêneto, para a província de Belluno, onde foram trabalhar nas terras do conde Miari, nos Alpes Italianos. Esta era uma família ainda mais rica e tradicional do que os Estensi, estes ligados aos Habsburg.

Os Miari, desde cerca de 1270, compunham uma família nobre da Europa mais antiga que os Grimaldi de Mônaco, que os Liechtenstein da Áustria, que os Spencer e os Windsor da Inglaterra e os Hannover da Alemanha. Por falta de descendentes homens, a dinastia virou Miari Fulcis. Os Bortot viveram mais de 300 anos no condado (vila) dos Miari Fulcis em Modolo, numa das colônias de 100 hectares que chamavam de *campi* ao sopé da cordilheira, a 514 metros de altitude. Estavam praticamente isolados neste local, onde só tinha a família Bogo, seus parentes, que vivia em uma altitude mais elevada, nas montanhas.

Nesta época, Belluno decidiu colocar-se sob a proteção da República de Veneza. Séculos depois, foi ocupada por Napoleão, que saqueou a população e as obras de arte da Igreja. Os austríacos e bellunenses expulsaram os franceses e ocuparam a região até a unificação da Itália por Garibaldi. A cobiça às terras férteis vinha de séculos por invasores do leste europeu. A maioria da população não se beneficiava dessa riqueza. Os Bortot, mesmo vivendo próximos a uma cidade com indústria, comércio e estrutura de Estado que poderiam ser considerados modernos para a época, foram obrigados a migrar porque a terra que lhes coube no feudo dos Miari, uma encosta de montanha rochosa e desnivelada, em pouco tempo mostrou-se imprópria para o progresso da agricultura, tanto que só conseguiam plantar em 60% da área. Isso levou os Bortot a dedicarem mais atenção ao trabalho de artesãos. Construíam carroças e equipamentos agrícolas para vender aos colonos mais afortunados das terras planas e mais férteis do próprio Modolo. A determinação com que enfrentavam essas adversidades para produzir e sobreviver em terras de baixa qualidade, em especial de um certo Pietro, levou a população de Belluno a chamar os Bortot também de Pietrot. "Os Pietrot Bortot". O rendimento, porém, era pouco para uma vida mais digna. Além disso, havia o crescimento da população, o desemprego e a fome, em função da crise na economia italiana. Nessa situação, Bortolo e Antonio Bortot não encontraram muitos obstáculos para convencer Giuseppe a acompanhá-los na fuga da Itália.

    O governo e a Igreja, nessa época, decidiram estimular a emigração em massa da população para os Estados Unidos, Canadá e América do Sul. O Brasil, ainda muito despovoado e com escassez de bens e serviços, prometia compensar no reino de Deus os sacrifícios aqui na terra, como pregavam os padres. Giuseppe, que apesar de ser uma pessoa espiritualizada, especialmente por acreditar na mão divina, criadora da beleza das montanhas, do vale dos Alpes, da neve e de outros fenômenos da natureza, não confiava muito nos religiosos. Achava-os controversos, muito espertos em assuntos humanos para serem representantes de Deus, que, sendo perfeito, não precisaria de pessoas imperfeitas para representá-lo. A decisão de sair da Itália estava mais que tomada, mas a dúvida sobre se o melhor seria ir para os Estados Unidos, Brasil ou Argentina sempre esteve em sua cabeça. Giuseppe, como grande parte dos camponeses de Belluno no período de inverno, quando o acúmulo de neve tornava inviável a atividade na lavoura, trabalhava em fábricas, minas e outros serviços insalubres na Alemanha, na França e até na Inglaterra. Isso ocorria todos os anos, desde muito jovem. No verão, ele e os demais "safreiros" voltavam para trabalhar na agricultura e se recuperar das doenças que pegavam.

Quando decidiu partir para a América, Giuseppe tinha experiência profissional e vivência de imigrante temporário em países em processo de industrialização. Belluno, da mesma forma, começava a dar passos rumo ao desenvolvimento, com muitas atividades industriais, comerciais e uma boa linha de comunicação ferroviária com outras regiões da Itália. As ideias socialistas começavam a chegar a Belluno, mas sem condições de garantir emprego para uma população cada vez mais numerosa e faminta. As promessas sobre as oportunidades de trabalho e riqueza na América embalavam os sonhos de 9 milhões de italianos que migraram para diversos países, como Brasil, Estados Unidos, Canadá e Argentina. Para atraí-los, as autoridades brasileiras faziam muita propaganda das riquezas minerais, das florestas e das condições climáticas.

O clima de Belluno era muito bom para a produção de leite e queijo e perfeito para a vinicultura, de onde saem o vinho e a grapa destilados do bagaço da uva. Em cada colônia se cultivava o cânhamo e dele provinha toda a *biancheria*, ou seja, roupas de casa, lençóis, capas de travesseiros, toalhas, vestuário com as fibras mais refinadas, lençóis grandes que serviam para conter ou secar ao sol os mantimentos: *grano turco* (milho), *frumento* (trigo), feijão. As sementes do cânhamo serviam para alimentar as aves nas gaiolas. O que nunca faltava eram batatas e milho. A vida era feita de muito trabalho, muitas doenças, muita mortalidade infantil por sarampo, bronquite, difteria, sem contar a tuberculose e outras ocorrências não diagnosticadas, mas existentes. As enfermidades conhecidas se distinguiam por febre alta, infarto e peritonite, infecção intestinal da qual se morria em dois dias. Os Bortot, especialmente o *nonno* Giuseppe, um artesão, faziam rodas de carroça e arados, trabalhavam na forja de ferro batido, na soldagem e rebitagem. Existia também a serraria, onde faziam móveis, gamelas e barris para guardar vinho. Na própria casa eram feitos o torresmo, a banha e todos os derivados de porco. Os Bortot eram considerados os únicos a fazer um tipo de salame com uma pitada de canela e pimenta-do-reino. Os belluneses caçavam, a tiros ou com armadilhas, muitas aves de pequeno e médio porte. Um dos alçapões muito usados era chamado de *roccolo*, diferente em cada colônia, pois cada uma se especializava em determinado tipo de pássaro. Na colônia dos Bortot, o rôcolo era particularmente adequado para capturar os firinguelli e os peppole, duas aves migratórias. Uma colônia competia com a outra para contar as presas ao fim do dia e saber quem havia capturado mais. (Nesse tradicional apetite dos italianos do norte por todo animal que voa talvez resida a explicação de existirem tão poucos pássaros na Serra Gaúcha...)

Tia Agnese com a palavra

Para uma ideia da vida em Belluno no começo do século XX, seguem trechos do depoimento de Agnese Bortot à sua sobrinha Paola Bortot. Tia Agnese nasceu em 23 de maio de 1918 no condado de Modolo e seu relato ocorreu em 1990. Quando Agnese nasceu, seu pai, Giuseppe, estava na guerra. Deram-lhe o nome de Agnese Giuseppina. O primeiro nome em homenagem a uma tia que era freira, e o segundo, ao pai por medo que morresse no *front*.

A Itália participou, entre 1914 e 1918, da Grande Guerra ao lado da Tríplice Entente (Grã-Bretanha, França e Império Russo) contra a Alemanha e o Império Austro-Húngaro. Nesta guerra perderam a vida Gaetano, Paolo e Giovanni Bortot defendendo a liberdade e a soberania italiana. No dia em que Agnese fez oito meses, os alemães ocuparam Belluno e toda a propriedade do Modolo. A casa da família da menina estava cheia de soldados germânicos, que dormiam na estrebaria e no celeiro. Sua mãe escondia o queijo embaixo do trigo, para evitar que os invasores comessem

1776
1887
1990

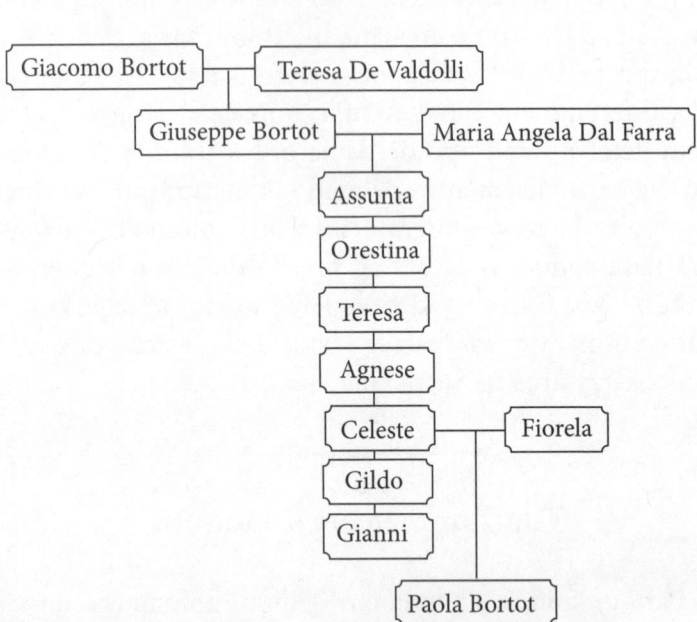

A família de Paola Bortot

Os pais de Agnese eram Giuseppe Bortot e Maria Angela Dal Farra. Por volta de 1990 ainda eram vivos os filhos dessa união: Assunta, Orestina, Teresa, Agnese, Celeste, Gildo e Gianni. Os avós de Agnese se chamavam Giacomo (nascido em 9/2/1864) e Teresa De Valdolli (Veneza, em 2/12/1867), que era filha ilegítima da condessa de Veneza, De Valdolli. Os dois casaram em 23/12/1887. Teresa era filha adotiva de um casal que não poderia ter filhos: os De Valdolli. Dizia-se que Teresa era resultado da gravidez indesejada de uma condessa de Veneza. A menina foi colocada na roda pública, onde as mulheres deixavam os filhos de um romance proibido. Os De Valdolli adotaram Teresa. Os ascendentes de Paola, que fez a entrevista com a tia Agnese, são os mesmos de Bortolo. Paola, a tia Agnese e todos os mencionados acima são descendentes de Andrea Bortot (nascido em 14/12/1776) e Giacometta Rovero (13/12/1781). Andrea Bortot, por sua vez, é filho de Zuanne Bortot, nascido em Modolo em 13/11/1737, e de Catarina De Bernard, de Caliepo, cidade próxima a Belluno em direção a Veneza. Por sua vez, Zuanne é filho de Antonio Bortot. Os Bortot que se estabeleceram em Belluno são anteriores a esta época. Paola, filha de Celeste Bortot e Fiorella, localizou nas igrejas de Belluno o que considerou o registro mais antigo de um Bortot: Francesco Bortot, 1702, do qual Zuanne, Antonio, Andrea, Giuseppe e Bortolo são descendentes.

tudo. Quando Agnese começou a caminhar, um soldado pisou com a bota no primeiro pododáctilo (dedão do pé) e causou um ferimento com sequelas que a incomodariam pelo resto da vida. Nessa época, o patrão da meação, sistema de partilha pela metade de tudo que os Bortot produziam, era o conde Miari Fulcis. Logo após o período de ocupação alemã, morreu uma irmã de Agnese, Teresa, de poucos meses de idade. Outro irmão, de três anos, teve peritonite e o pai o levou nos braços do hospital até a colônia, para que morresse em casa.

O pai tinha o rôcolo, uma armadilha com que aprisionava os pássaros, que depois vendia, já abatidos e ainda com as penas, na praça do mercado de Belluno, cravados em uma varinha. Eram vendidas também peles de toupeira, de raposa e de lebre, para fazer pelúcia. As toupeiras eram muito procuradas. Colocavam-se as armadilhas (*tamai*) sob a terra ao longo dos rastros das toupeiras para capturá-las. A armadilha era feita de um pedaço de madeira, uma mola, dois arcos de ferro e um laço no meio que saltava quando passava a toupeira, e o ferro na superfície se levantava. Para comer de manhã, polenta e queijo ou salame; ao meio-dia, batatas ou abóboras; à noite, sopa de feijão, depois *radicchio* (chicória roxa) e salada. Vendiam-se também frutas. Somente a fruta que caísse no chão se poderia comer, segundo as regras do feudo. Daquela que estivesse estragada, comia-se a parte boa. O leite era dado somente às crianças até os 7 anos. O porco servia para fazer salame e se comia tudo que sobrava dele. Quando tinha uma festa grande, em junho, depois de roçar a lavoura, matava-se uma galinha e se dividia entre 20 pessoas com molho e uma grande polenta. A família possuía mais de 20 animais, entre vacas e ovelhas, dois burros, dois porcos, galinhas. Os ovos não eram comidos, mas vendidos. Um porco era entregue ao patrão da meação de Modolo e outro ficava com a família. Tudo era dividido à metade, incluindo o trigo colhido. As crianças até a idade de 4 anos, meninos ou meninas, vestiam saia porque não havia calças. Nem mesmo as mulheres vestiam roupas íntimas porque era mais cômodo para urinar. As camisas eram compradas e depois bordadas em casa.

Os rapazes dormiam no celeiro; os pais, em um quarto com as crianças mais novas, e as moças em outro. Iam à missa todos os domingos, a pé, do Campo de Modolo à aldeia de Castion, distante dois quilômetros, com as dalmedes (calçado de madeira e couro) ou galochas (*zoccoli*), chinelos de madeira (tamancos); colocavam os calçados perto da igreja. A água em casa provinha do poço. O tio enfermeiro, Celeste, irmão do avô Beppe, que trabalhava com tuberculosos, também adoeceu de tuberculose aos 33 anos e, no dia 3 de outubro de 1933, morreu deixando três filhos.

Uma noite, Celeste se aproximou da janela e viu um incêndio que destruía a estrebaria. Conseguiram salvar os animais que dormiam fora. Para apagar o fogo, fizeram soar o sino da igreja e assim acudiu o pessoal do vilarejo, todos em fila, cada um com um balde de água. As crianças iam à escola a pé, e, um dia, uma colega de Agnese, durante um temporal, tentou se proteger embaixo de um pinheiro e um raio a matou. Agnese e sua família viveram no Modolo até ela completar 6 anos e meio. Depois mudaram para a localidade de Padron, município de Visone, no Piemonte. Ela ia a pé, de casa até a escola, onde estudou até a quarta série elementar. No inverno seguinte, foi aprender corte e costura em um colégio de Castion. O tempo disponível depois das aulas era dedicado à ajuda no trabalho do campo, como rastelar o feno, roçar e capinar. A condessa Beltramini era a patroa das sete colônias de Visone.

Durante as férias de verão, a família de Paola ia para as montanhas. Andavam com as vacas à procura de bons pastos para os animais. Nessas ocasiões, dormiam em um quarto no celeiro acima do feno das pastagens e se alimentavam do *ninho*, ou seja, o líquido que restava da manteiga, depois de fazer o queijo e a ricota. Uma vez por semana levavam o pão feito em casa, um misto de fermento e *grano turco* (milho). Para beber serviam-se da água fresca da fonte. Um dia Agnese foi pegar água, encontrou duas *carbonaz* (serpentes negras) e, a partir daí, tinha muito medo de ir à fonte. Antes de trazer as vacas de volta das montanhas, quando o inverno se aproximava, os homens cortavam o mato para melhorar as condições das pastagens. O leite era levado para a *sperlonga* (grota), ou seja, um lugar fresco em meio a duas rochas, e, depois, a cada três dias, era feito o queijo.

Saía-se só com o tempo bom. Se chovesse, as pessoas ficavam em casa e os animais na estrebaria. Havia os deveres da escola para fazer durante o verão. No forte do inverno, nas estrebarias fiavam a *canapa* (cânhamo), a lã e o linho. A parte boa da *canapa* era usada para formar linho e fazer lençóis (que eram todos produzidos em casa) e lavada em seguida com cinzas e, depois de muitas lavagens, o cinza se transformava em branco. A parte ruim era utilizada para fazer as telas para estender o trigo no outono. O trigo era pilado à mão com bastões. Depois os *mognoli* (o que restava de casca e caule do trigo) eram usados para alimentar animais ou fazer fogo. O grão era levado ao moinho para se transformar em farinha para o pão. O mesmo ocorria com o grão de milho, que virava farinha para polenta. O dono do moinho retinha uma parte da farinha como pagamento. A sêmola que restava como resíduo do trigo era usada para as galinhas ou para os porcos, que comiam também batata rejeitada, abóbora e a sobra do leite depois de ser feita a manteiga com a *panna* (creme de leite), o queijo e a ricota. Em Visone havia também um cavalo, que se chamava Gino. Agnese montava nele com as duas pernas voltadas para o mesmo lado, pois, sendo mulher, não podia vestir calças. Um dia, Gino escorregou na geada e caiu de um penhasco, quebrou a espinha dorsal e morreu. Depois disso, só usavam burros, que serviam para o transporte do trigo, para arar os campos no outono, para levar frutas e castanhas ao mercado. Um dos médicos da cidade atropelou um dos irmãos de Agnese, de 6 anos. O menino foi atravessar a estrada para beber água na fonte quando foi atingido pelo automóvel. Mesmo com graves ferimentos, o dr. V. se negou a transportá-lo em seu carro porque o sangue iria sujar os assentos. A criança foi levada em uma carroça ao hospital, onde morreu por causa da demora no atendimento.

O grande ilícito

Um capítulo especial merece a produção de *grappa* na Belluno dos Bortot, que, aliás, eram considerados excelentes produtores dessa bebida existente desde a Idade Média e feita a partir do bagaço da uva, com teor alcoólico de mais de 40 graus. Para prepará-la, o passo inicial é a prensagem dos resíduos da produção do vinho, talos, cascas, sementes e uma certa quantidade de mosto já fermentado. A prensa era uma máquina cara, que 10 a 12 colonos compravam em sociedade e que passava de casa em casa. Era possível dividir o seu uso porque a prensagem durava meia jornada, então se podia utilizá-la coletivamente durante os 15 dias posteriores à colheita. A destilação no alambique, a seguir, era rigorosa e delicadamente supervisionada pelos adultos mais velhos de cada família. Ao final, o líquido era filtrado com carbono verdadeiro ou com algodão para ficar "limpidíssimo", como a operação é descrita por Fulcio Bortot.

A cada homem da família tocavam 10 a 15 garrafas – aos avós um pouco mais –, que deviam durar o ano inteiro. Bebia-se *grappa* depois do almoço e do jantar e uma gota no café da manhã. Servia também como digestivo, alívio de dores do corpo e para massagens. "Graças aos deuses, mantenho a tradição", diz Fulcio. "A diferença é que os velhos Bortot consumiam cerca de um litro a cada 20 dias; no meu caso o litro pode durar até 6 meses." A sonegação de imposto sobre a venda da *grappa* e o alto grau alcoólico levaram o governo a proibir a produção. Mas ela continuou, clandestinamente. Giuseppe e a família não foram surpreendidos pela fiscalização, mas um primo foi punido com a multa a ser paga com pares de vacas. "Um par de vacas significava a sobrevivência da família por um ano inteiro", diz Fulcio. Como poucos meeiros podiam pagar a multa, o governo mudou a punição para três meses de prisão.

Os Bortot eram muito cuidadosos. Na semana da destilação, todos (mulheres, crianças) eram alertados a falar baixinho, a não pronunciar a palavra *grappa*. Quando a etapa da prensagem se encerrava, já estava pronto um buraco para receber o panelão de cobre com a vinhaça. Imediatamente o buraco era coberto com estrume para evitar que o perfume da vinhaça ainda quente se espalhasse por quilômetros. Fora da lei, a produção de *grappa* era tolerada pelos patrões de todos os feudos do Vêneto e também do Friuli (Udine, Pordenone, Gorizia e Trieste). Convinha aos senhores que os súditos estivessem de bom humor ou talvez porque alguns deles obsequiassem o conde com garrafas de ilicitude.

Conde Miari Fulcis e os agricultores em Modolo, na Itália, em 2012.

Ivanir, Paola e Andrea, que é descendente dos Miari.

> **BELLUNESI MORTI
> PER L'INDIPENDENZA DELLA PATRIA**
>
> 1849 TASSO JACOPO
> 1849 BORTOT PIETRO   1849 MARTINI CESARE
>   CASE FRANCESCO   SALA OSVALDO
>   CERRI JOVITA BORTOLO   SCAGNET GIOVANNI
>   DANIELI ALESSANDRO   ZANON FRANCESCO ANT°
>   DE PLURI EMILIO   1861 DE PELLEGRINI ANTONIO
>   D'INCÀ ANTONIO   DE VEI PAOLO
>   FOL GIOVANNI   1866 CAFFI IPPOLITO
>   FOL PIETRO   PERSICINI GIACOMO
>   LOCATELLI CARLO   POGGIANA LODOVICO
>
> 4 GIUGNO 1893

Placa em Belluno com o nome de Pedro (Pietro) Bortot, em homenagem aos que morreram pela independência.

Campi de Modolo, tendo ao fundo o Monte Serva e, mais à esquerda, o Monte Schiara.
São *Le Dolomiti,* montanhas com uma coloração única, rosada, devido à constituição da rocha.

O selo de nobreza e o escritor Fulcio Bortot. Abaixo, o *campi* de Modolo, de onde vieram os Bortot.

39

Anna Molinet, em desenho de
Esmael Ribeiro dos Santos.

Capítulo 2

"NÃO SE PODE VIVER DO PASSADO"

A primeira visão do Brasil deixou Anna Molinet surpresa e maravilhada. Imagens voavam em seu cérebro como chuva de estrelas, mas não se sentia segura sobre o acerto ou erro de estar ali. Deixou aqueles pensamentos na fila de espera para atender a outro que também a inquietava, a saudade da família que ficou na Itália. Lembrou daquele 6 de fevereiro de 1874, quando casou com Bortolo na pequena igreja da aldeia de Feltre, da Comune di Limana.

Ele nascido em Castion Belluno em 28 de julho de 1848 da união de Giuseppe e Graziosa Balzan. Ela, filha de Josué Molinet e Joanna Merlin.

A igreja estava lotada de parentes dos Bortot, Molinet, Balzan e Tissaro. Havia muita gente para alimentar naquela comemoração. Uma novilha e dois porcos foram abatidos para a festa.

Na segunda-feira, teria início uma rotina de trabalho já praticada na casa dos pais: acordar no clarear do dia, alimentar os porcos, as galinhas, as vacas e tirar o leite que seria servido em seguida para o café. Depois Bortolo, Antonio e Giuseppe tratavam de ir para a roça cuidar da plantação e da uva. Anna esticava os lençóis nas camas e ia para a cozinha preparar o almoço.

"Não se pode viver do passado", pensou Anna, afugentando os maus preságios. O que importava agora era que os parentes e amigos que faziam parte da sua história iriam viver próximos, compartilhar da mesma experiência, construir uma nova vida na

América. Eram na maioria os mesmos vizinhos da Itália. Todos iriam morar no mesmo local. Chamavam de linha aquele conjunto de casas. Linha Palmeira era onde moravam. Poderiam se encontrar na igreja e, quem sabe, se juntar em mutirão, como faziam nos feudos em que trabalhavam na Europa. Um conjunto de imprevistos iria mudar o papel de Anna como mãe e dona de casa no Brasil. Sobre suas pequenas costas teria que carregar um fardo muito maior a que seu franzino corpo poderia suportar.

———•◆•———

A promessa imperial

O Brasil vivia, desde 1880, um ciclo de prosperidade com o desenvolvimento da economia cafeeira, deixando para trás as recentes dificuldades financeiras provocadas pela Revolução Farroupilha de 1835/45, em solo gaúcho, e depois, entre 1864/70, pelos custos da guerra com o Paraguai. O país era a quarta economia do mundo, posição idêntica em extensão territorial. Só que a renda anual per capita, em 1883, era de apenas US$ 1.208, enquanto a dos Estados Unidos era de US$ 4.797. A riqueza do Brasil, desde o ciclo da cana-de-açúcar, do ouro e, agora, do café, sempre foi apropriada por um grupo reduzido de fazendeiros e cavalheiros da corte. A maioria da população dependia da economia de subsistência, como revela Jorge Caldeira no livro *A história da riqueza do Brasil*, o que explica uma média de renda tão baixa quando comparada com a de outros países.

Os Bortot tinham acreditado no discurso de um país promissor que daria grandes oportunidades de trabalho e riqueza, defendido nada menos do que pelo imperador Dom Pedro II, homem das ciências, da cultura e de boas relações com as cortes e dirigentes da maioria dos países europeus. O governo italiano e a Igreja Católica foram fiadores dessa visão promissora da América. A esposa de Dom Pedro II, imperatriz Tereza Cristina de Bourbon, nascida em Nápoles e integrante do Reino das Duas Sicílias, teve grande influência junto ao imperador para a migração dos italianos. Para os compatriotas que tinham optado por construir nova vida longe da Itália, Tereza Cristina, no imaginário das pessoas, dava algum conforto de que teriam alguém a olhar pelos seus interesse na corte. Só que seis anos após foi proclamada a república. Os italianos viram Dom Pedro II e Teresa Cristina perderem o trono e passaram a temer sobre o futuro do projeto que lhes tinha sido oferecido no Brasil.

Outros Bortot no Brasil

Cerca de 14 anos após a migração dos Bortot de Belluno para o Rio Grande do Sul, chegavam ao Brasil Domenico Bortot, sua mulher, Gienovefa Zancheta, e o filho Luigi, de apenas 4 meses. O desembarque foi no porto de Santos, no dia 14 de setembro de 1897, mas o destino era o interior de São Paulo, onde iriam trabalhar em uma propriedade rural como assalariados em lavoura de café. A família de Domenico era de Conegliano, no meio do caminho entre Belluno e Treviso. Os Bortot da Serra Gaúcha só foram saber da existência deste ramo da família no Brasil quase cem anos depois. Domenico Bortot embarcou no navio Arno no porto de Gênova, com Gienovefa e dois filhos, mas uma doença, muito comum nesse tipo de viagem naquela época, acabou tirando a vida de um deles com poucos anos de idade. A criança teve que ser sepultada no mar por exigência dos médicos da embarcação, o que só aumentou o sofrimento do casal ao ver o corpo do menino desaparecer nas águas do Oceano Atlântico. Depois de passar cerca de trinta dias em um abrigo para imigrantes em São Paulo, a família foi para a fazenda de café no município de Fortuna, região de terras planas e férteis. Em poucos anos, Domenico e Gienovefa, experientes no trabalho agrícola nos feudos da Itália, passaram da condição de trabalhadores a proprietários rurais. O casal teve os seguintes filhos: Luigi, Luiza, Neni, João, Pascoal, Júlia, Palmira, Pedro, José, Maria Antônia, Jorge e Armando. Domenico é descrito como um homem alto, de pele branca, olhos claros, perspicazes e divertidos. Tinha o dom de contar histórias fantásticas atribuídas

a seus antepassados, que faziam filhos e netos ficarem maravilhados. Gienovefa morreu 18 anos depois que chegou ao Brasil,
Domenico viveria até 1947. Seus descendentes se espalharam por São Paulo e Espírito Santo. Alguns dos integrantes dessa família tiveram seus nomes registrados em cartório como Bortotti por descuido dos escrivães, mas na realidade, no Brasil, na Itália e na França, todos são Bortot.

Há outro Bortot, ilustre, no Brasil. Chegou dois séculos depois de os primeiros italianos com esse sobrenome desembarcarem em São Sebastião do Caí (RS) e em Santos (SP). Não é imigrante. Desde agosto de 2018 está em Porto Alegre como cônsul-geral da Itália para o Rio Grande do Sul. Roberto Bortot nasceu em Roma, mas seu pai, Orione, e o avô, Silvio, são originários de Belluno, onde participaram da resistência ao governo fascista de Benito Mussolini, e se mudaram para a capital no final de 1945.

Terminada a guerra, Belluno, como toda a região do Vêneto, estava destruída. Hoje, o cônsul afirma que a cidade é moderna, dedicada à exploração de sua maior riqueza natural, o turismo alpino, e orgulhosa por deter um dos mais avançados complexos industriais de equipamentos ópticos do mundo.

Roberto Bortot é casado com uma gaúcha e tem um filho de 17 anos. Graduou-se em Direito na Università degli Studi di Roma La Sapienza e especializou-se em Relações Institucionais na União Europeia no Instituto de Formação de Diplomatas. Entre outras atividades profissionais, exerceu advocacia forense em questões trabalhistas como representante do Estado e, durante dez anos, atuou na presidência do Conselho de Ministros e foi diretor da Secretaria-geral da Presidência.

O cônsul-geral se diz feliz por estar no Brasil e especialmente por representar a Itália no Rio Grande do Sul, onde em todos os setores em que o Estado se destaca há sempre a participação de um descendente de italianos, entre os quais, para seu particular prazer, muitos *oriundi* de Belluno.

O próspero ciclo econômico do café que receberia os Bortot chegados a São Paulo não era o mesmo do Rio Grande do Sul. O progresso era mais lento no clima frio e solo inadequado do Sul, uma região cujo nível de desenvolvimento civilizatório estava bem longe dos padrões de Belluno e mesmo da pauliceia. Em Forqueta e Mato Perso, os Bortot trataram de cuidar bem da conservação dos sapatos, da gabardine, das roupas de lã, de seda e dos ternos, pois se deram conta de que seria muito difícil encontrar similares por aquelas bandas. A indústria dos gaúchos era muito incipiente, ainda centrada na produção de charque e couro, riqueza que ia para as mãos de fazendeiros e comerciantes. Apesar disso, as finanças dos senhores da terra e do erário público estavam esgotadas. No rastro da crise econômica vinha a violência, fruto da ausência do aparelho do Estado e mesmo de regras claras de direitos civis. O Rio Grande do Sul perdeu milhares de seus filhos na Revolução dos Farrapos e na guerra contra o Paraguai. O império estava endividado junto a banqueiros ingleses e ao empresário Irineu Evangelista de Sousa, o Barão de Mauá. O Brasil chegou a manter 30 mil homens em campos de batalha em território estrangeiro. Os custos com soldos, alimentação e transporte de armamentos de uma guerra que durou 5 anos provocaram um rombo sem precedentes nos cofres do império. A ocupação de vazios populacionais viria com a importação de mão de obra europeia para substituir o trabalho dos escravos, mas não era o caso dos italianos que vieram para o Sul.

A primeira imigração ocorreu em 1870, quando o Rio Grande do Sul tinha uma população em torno de 445 mil habitantes. Com o fim da Guerra do Paraguai, o imperador Dom Pedro II decidiu colocar o país em um rápido processo de crescimento com ocupação territorial para pagar as dívidas e dispor de braços para a defesa da pátria. Os imigrantes passariam a abastecer o mercado interno de alimentos com o excedente gerado na economia de subsistência das famílias. Porém, essas intenções não foram explicitadas. Todos imaginavam um país de terras férteis a serem cultivadas em todas as estações do ano e de fácil acesso aos mercados consumidores. Só que não era bem isso.

A sobrevivência familiar

Experiência no que poderiam fazer na nova terra não faltava aos Bortot. Tinham trabalhado por três séculos no feudo dos Miari Fulcis em Belluno, na agricultura, na criação de animais e ainda como marceneiros e ferreiros. A criação da agroindústria em Belluno é de 1439, mas a partir de 1862, quando os negócios foram assumidos por Domiano Miari, formado em Engenharia pela Universidade de Pádova, Modolo ganha um método de produção de escala e com grande produtividade. Parte das terras passou a ser cultivada por famílias em rodízio de plantio e descanso, dentro de uma nova sistemática. Cada uma tinha uma área demarcada onde produzia trigo e milho. As videiras e os cuidados com vacas de leite e gado de corte eram trabalho coletivo. O resultado da produção e comércio de farinhas, queijos e vinhos era dividido da seguinte forma: o conde Miari Fulcis ficava com 50%. As famílias de agricultores com outros 50%, mas com o compromisso de doar à Igreja 10%. Com sua parte, o conde tinha um elevado poder de compra de bens e conhecimento, uma tradição da família que vinha da Idade Média, o que lhe assegurava grande prestígio com seus pares.

Os Miari, antes de suas filhas se casarem com os filhos dos Fulcis em sucessivas gerações, tinham integrantes da família com títulos de Agronomia pela Universidade de Pádua. Em 1617, Benedetto Miari introduziu o cultivo de trigo em suas propriedades. O construtor do palácio do condado de Modolo, da igreja e de um conjunto de habitações no começo da década de 1880 foi o arquiteto Andrea Miari. O conde Francesco Miari Fulcis, que esteve à frente do Modolo na mesma época da migração dos Bortot ao Brasil, também foi professor da Universidade de Pádua. Estudioso de astronomia, Francesco mandou pintar painéis com diagramas solares em diversas edificações do condado, que mostravam o horário solar e a posição do sol em cada mês do ano. O gosto pelas artes estava presente na parte interna do palácio, como o quadro do casamento de Francesca Miari com Pietro Fulcis, retratado por Osvaldo Monti, que pintou os noivos na escadaria do palácio rodeados de amigos e tendo ao fundo as montanhas do feudo e a pintura *A morte do conde Bartolomeu Miari na batalha de Cencenighe* (nome de uma localidade de Belluno) no século XIV. Essa obra, entre outras, foi destruída pelo exército austro-húngaro na Primeira Guerra Mundial. Tal engrenagem de riqueza, poder e qualidade de vida, representada por um escudo ilustrado por duas águias, com o lema *Honor, Praemium Virtutis*, começou a enfrentar problemas com o início do processo de desenvolvimento industrial, a superpopulação e a escassez de alimentos.

A emigração passou a ser encarada e estimulada como solução para detentores de terra e os que nada tinham. Quando os Bortot chegaram ao Brasil traziam o conhecimento de um modelo de negócio que gerava muita riqueza aos Miari Fulcis e, como outros imigrantes, alimentavam a esperança de reproduzir aqui não o sistema da exploração de mão de obra feudal, mas, pelo menos, o que conheciam de técnica atualizada da lavoura e da criação de animais, além da habilidade de produzir tudo que precisavam em casa, de comida a implementos agrícolas, de móveis a roupas.

Já de início os Bortot se surpreenderam com o que viam, ouviam e cheiravam na Linha Palmeira. O que mais tinha nas matas da Serra Gaúcha eram animais de espécies desconhecidas e grandes árvores com palmito, jabuticaba, pinhão, incorporados de imediato à alimentação, até mesmo por falta de outros alimentos. O pinhão, assado, cozido na água ou transformado em farinha, descobriram os Bortot, maravilhados, é um dos frutos mais nutritivos da natureza. No Brasil, desde o ensaio de colonização em 1872, pouca notícia havia sobre experiências agrícolas semelhantes às do Modolo. Os primeiros imigrantes viviam distantes das grandes extensões de terra. A agricultura em grande escala, a *plantation*, já verificada nos Estados Unidos e em alguns cafezais de São Paulo, não existia no Rio Grande do Sul. A maior produção de alimentos era de carne seca, um negócio de alguns fazendeiros e tropeiros que abasteciam os engenhos do Nordeste e alimentavam trabalhadores das minas de ouro em Minas Gerais. O naturalista e geólogo norte-americano Herbert Smith, que esteve em Pelotas em 1882, constatou que o charque era "um gênero alimentício muito sadio e, quando bem preparado, saboroso. Em qualidades nutritivas considero-o superior à carne salgada que usam soldados e marinheiros de outros países".

Uma indústria ainda rudimentar consolidava o regime pastoril "rio-grandense" – pouco se ouvia o adjetivo "gaúcho" –, impondo a criação de gado para a produção de charque como atividade dominante, e em alguns momentos quase exclusiva em todo o pampa. Uma pequena parte da produção era exportada pelo porto de Rio Grande para Cuba, de onde vinha o açúcar, e para outros países. Os italianos da Serra estavam fora dessa estrutura de negócio. Foram convidados a participar de um novo modelo de desenvolvimento assentado na produção de alimentos de subsistência e o excedente destinado ao mercado interno, cuja rentabilidade para os produtores era mínima ou quase inexistente porque o *tal* excedente dificilmente existia.

———•◆•———

Mata cerrada e encosta de morro

Ao olhar o pedaço de terra que seria seu, Bortolo sentiu uma saudade dos Alpes, onde o horizonte das terras planas se confundia com as nuvens. É verdade que a neblina e a neve das montanhas na maioria das vezes deixavam a visão e a vida isoladas naqueles alturas, longe de tudo e das pessoas. Ainda estavam vivas na memória as imagens do dia em que deixou as Dolomitas rumo ao Brasil. O sol nasceu avermelhado, sem qualquer nuvem para atrapalhar. Os raios que chegavam à montanha coberta de gelo refletiam em uma claridade que até doía os olhos quando miravam a imensidão do horizonte. No céu existiam alguns pássaros, que se moviam de um lado a outro. Um deles foi aumentando de tamanho na medida que mergulhava em direção à terra. Ao abrir as suas asas, de cerca de dois metros de largura, como se estivesse freando, todos viram a beleza da penugem castanho-escura da águia-imperial. Só foi um rasante, pois suas garras imensas continuavam recolhidas, o que foi interpretado por Anna como uma despedida ou algum sinal, pois o pássaro sempre foi temido nas montanhas. Até onde a vista alcançava, Bortolo conseguiu ver pontos brancos, como de arroz, o que seria o casario da Vila de Modolo, dos Miari. O momento de deixar aquele lugar especial, único no mundo, aflorou ainda mais as emoções com o adeus dos parentes de homens, mulheres e crianças. Sabia que as promessas de um reencontro das famílias era só uma tentativa de jogar esperança naqueles corações. Já tinha visto muitos primos, que na mesma condição dele, do pai, de seu irmão Antonio e suas mulheres e filhas, tinham deixado o lugar em busca de novas oportunidades, já que a área nas montanhas era pouca, apesar dos dois mil hectares de terras planas dos Miari Fulcis cultivadas por outras 50 famílias em regime da *mezzadria*, meação. Fulcio Bortot, com o pai, o avô Giovanni e o irmão mais velho, também Giovanni, seriam os últimos dos Bortot a deixarem o *campi*, à véspera do dia de San Marino, em 11 de novembro de 1966. "Mas eu fui literalmente o último Bortot a deixar o *campi* do Modolo", diz Fulcio. "Quando partiu a última carroça puxada a cavalo com os últimos utensílios e móveis, e com o que restou da última colheita de batatas e espigas de milho, a carroça se foi e eu fiquei sozinho. Olhei a casa, o meu quarto, os lugares por onde andava. Depois de meia hora ou talvez uma hora, escutei me chamarem de longe, pois estavam me procurando. Fui embora com uma certa tristeza. Tinha 12 anos e meio, nasci ali."

Ao olhar as ondulações do terreno da Serra Gaúcha, os Bortot ficaram decepcionados com os 40 hectares a eles destinados. Mais uma vez a parte que lhes cabia era a encosta de um morro, como no Modolo, mas sem aquela vista dos Alpes que dava sensação de um horizonte sem fim. A terra estava coberta de árvores centenárias que formavam uma floresta totalmente fechada, de difícil acesso. Derrubá-las era um trabalho que exigiria um mutirão com a ajuda de muitos vizinhos. A remoção das raízes e das pedras era outra etapa muito trabalhosa para deixar o terreno limpo e pronto para a semeadura. A escassez de ferramentas e a necessidade de entender o ciclo climático de plantio na América, com um inverno inverso ao da Europa, não eram problemas menores. O cultivo de milho, trigo e feijão garantiram a alimentação básica para a sobrevivência nos primeiros anos. Seguindo a tradição milenar, acabaram tendo na atividade da suinocultura, com linguiça, salame, copa e banha, uma alternativa de renda.

O porco fazia parte do modo de sobrevivência da típica família de imigrantes. Giuseppe tinha aprendido com seu pai Andrea, nas geladas montanhas de Belluno, como transformar todas as partes de um suíno em alimento para ser consumido ao longo do ano. A água era aquecida em um tacho de ferro até o ponto de fervura. O abate do animal era precedido de um banho em água fria. Depois o porco era deitado sobre uma mesa para ser sangrado. O sangue era apanhado em um balde e, com uma das mãos, eram feitos movimentos circulares para evitar que ficasse coalhado. O sangue seria usado na produção da morcilha.

Depois era iniciado o processo de limpeza do animal. A água quente derramada sobre o corpo amolecia os pelos e uma fina camada de pele era removida com a raspagem realizada por uma faca sem fio para evitar cortes. No passo seguinte, os miúdos (coração, fígado, língua, carne da parte da cabeça) eram temperados e cozidos dentro do bucho do suíno para dar origem ao queijo de porco. A gordura era cozida até o ponto em que virava banha, e a pele, torresmo. Havia possibilidade de separar a gordura do animal. A pele, neste caso, passava por um cozimento e depois era moída para virar a morcilha branca. O queijo de porco, a morcilha e o torresmo eram consumidos no café da manhã. A banha era usada na cozinha para preparar os demais alimentos. Giuseppe transformava o pernil do porco em presunto para melhor conservação. Nas montanhas alpinas, onde a temperatura era muito baixa, e o ar, seco, ele sempre mantinha no porão peças de pernil. Na América tentou, sem êxito, fazer o presunto de pernil. O calor na maior parte do ano e a elevada umidade deterioravam a carne. A solução encontrada foi cozinhar as partes mais nobres do porco na própria gordura da carne e, depois, deixá-la imersa na banha para ser conservada e consumida ao longo do ano. A carne era misturada no feijão e sempre servida com polenta e *radici* – uma planta que, temperada com vinagre, constituía perfeito complemento alimentar. Uma parte, ainda, do suíno virava salame. O filé mignon seria uma copa, e as orelhas, rabo e pés contribuíam para dar sabor e proteína à feijoada. Criar e engordar um porco era prático e econômico. O animal era alimentado por raízes nativas como a mandioca, batata, abóbora, pasto, eventualmente milho e restos das refeições da família. Com o aumento da produção de suínos houve um excedente que começou a ser vendido na forma de banha, salame e embutidos para os centros consumidores de Porto Alegre e outras regiões. Essa era a única fonte de dinheiro que passava pelas mãos dos Bortot para adquirir bens que não tinham como produzir na propriedade, bem diferente das opções existentes na Europa. No Brasil a atividade gerava pouca renda, e a família vivia basicamente da mão para a boca.

A esperança do nonno

Giuseppe tinha uma visão otimista de futuro do Brasil, que não coincidia com os primeiros contatos com o povo local. O dinheiro que dispunham desaparecera nas providências do desembarque, na viagem à Serra e na construção de uma moradia provisória, indo para o bolso de compatriotas e comerciantes. Não era diferente da exploração que sofriam na Itália. "Talvez a dona Graziosa, que faleceu antes da viagem, tivesse razão. Eu deveria estar mais bem informado sobre este país antes de trazer para cá meus filhos, noras e netos. Bem ou mal, a gente possuía uma vida boa, mesmo que modesta, em Belluno. O que sobrava era pouco, mas dava para alimentar a todos. Quem sabe Graziosa estava certa. Seria melhor enterrar os ossos por lá e chegar ao céu pelo caminho dos nossos antepassados", pensava Giuseppe. Sua vida foi aventurosa e razoavelmente venturosa. Participara, em tempo de guerra, de diversas batalhas, e, na paz, desempenhara o ofício de agricultor e ferreiro. Sabia a arte de amolar o ferro para virar espada, machado, facão ou roda de carroça. Respeitado na comunidade pela disposição ao trabalho, pela correção com seus vizinhos e a comunidade, não gostava, no entanto, de frequentar a igreja, mas nunca faltou aos apelos dos padres para bater-se pelas causas justas, como na luta contra a invasão prussiana. Giuseppe, liderando um grupo de soldados, conseguiu vencer inimigos com forças três vezes superiores ao travar contra eles batalhas de guerrilha nas montanhas. Condecorado como herói, acabou sendo alvo das atenções de uma donzela da pequena Feltre, Graziosa Balzan.

Seus olhos negros e grandes contrastavam com a brancura do rosto coberto por longos cabelos loiros, característica dos Balzan. O casamento ocorreu em Castion em 23 de novembro de 1835, na capela da Vila Modolo, um final de tarde de início do inverno de céu azul que contornava os picos da montanha branca de gelo. Um quadro exuberante pintado pela mão da natureza, que ficou na memória para marcar aquela jornada de felicidade dos Bortot e dos Balzan. Giuseppe achou que com o ofício de ferreiro, no período do inverno, e de agricultor, no verão, poderia garantir o conforto de uma casa na aldeia.

O nascimento de Bortolo ocorreu 15 anos depois daquela união – o que pode indicar que Giuseppe e Graziosa tiveram antes outros filhos. Bortolo foi muito festejado pelos traços que trazia das duas famílias. Giuseppe sentiu necessidades adicionais que não tinha imaginado para garantir um horizonte mais estável de vida em meio a uma crise econômica sem precedentes que tomava conta de todas as regiões da Itália. A vinda de mais um filho, um ano depois, potencializou o quadro de escassez de recursos. Graziosa já não podia ajudá-lo no plantio, limpeza e colheita. As tarefas de casa, a atenção às crianças pequenas e o cuidado dos animais lhe consumiam as energias. Quando os dois filhos entraram na idade em que poderiam ajudar, o aumento da população e a escassez de terra para trabalhar não apresentavam uma situação melhor de futuro. O trabalho em família começava muito cedo. As crianças que viviam no Modolo, a partir dos seis a sete anos, dependendo do porte físico, já eram incorporadas em algumas tarefas diárias, como alimentar os porcos, reunir as vacas de leite e descascar milho, este último serviço muito cansativo, pois provocava coceira pelo pó da palha em contato com a pele. Com braços longos e mãos grandes, Giuseppe se destacava entre a maioria de concorrentes, mas isso em nada o ajudava na crise de desemprego da Itália. Depois de anos duros de trabalho temporário em outros países e de ter perdido a mulher por tumor no estômago, chegou à triste conclusão de que a melhor decisão seria mesmo acompanhar os filhos na viagem para a América. No Brasil seria um pai zeloso, um avô dedicado e iria viver uma vida nunca antes experimentada, até ser chamado pelo seus ancestrais, o que ocorreu 11 anos após o desembarque.

Amizade, mutirão e fome

Os 39 dias de convivência no navio Santa Maria facilitaram novas amizades e consolidaram planos de trabalho dos Bortot com seus futuros vizinhos. Um padre que acompanhava a comitiva aproveitou para colher compromissos de ajuda à construção de uma pequena capela em Linha Palmeira, onde haveria espaços para aulas de religião e da língua local às crianças. Bortolo combinou com os Fossá, os Viganó, os Menegazzo e os Molinet, pais da Anna, um sistema de mutirão para a construção das suas casas. A primeira providência seria improvisar uma espécie de ferraria para a produção de ferramentas, como machado, facão, martelo, formão, serras, a serem usadas na derrubada das árvores e, posteriormente, na confecção de tábuas de parede, tabuinhas para telhado e assoalho das casas. As lavouras, da mesma forma, seriam preparadas e semeadas em mutirão. O trabalho coletivo dava maior rapidez à execução das tarefas e gerava um clima de confraternização e alegria entre os vizinhos. Era o que estavam acostumados a fazer no feudo.

Quando o comboio subia a Serra, Bortolo repassava o combinado no barco. Um forte nevoeiro e uma chuva fina dificultavam o trabalho dos bois de puxar as carroças. Algumas vezes as rodas atolavam e era preciso a ajuda dos colonos para empurrá-las. Bortolo era um deles. No segundo dia de viagem, dormiu em uma barraca improvisada e no meio da umidade. Uma garoa caiu no amanhecer. Bortolo sentiu febre, os músculos doloridos. Como não havia médico, tomou a experiência dos mais antigos como conselheira: seria gripe ou, quem sabe, febre provocada por picada de mosquitos ou algum tipo de enfermidade que o organismo dos europeus ainda não possuía anticorpos para combatê-la. Com paciência e chá de pata-de-vaca ou de quebra-pedra tudo estaria resolvido. A febre aumentou. Anna tentava controlá-la colocando um pano úmido na cabeça do marido. A comitiva seguiu viagem em busca de recursos. Apenas uma semana depois de sua chegada a Linha Palmeira é que Bortolo estava de pé. O impacto emocional da enfermidade atingiu a todo o grupo familiar. Uma preocupação pairava sobre a saúde de Bortolo.

 Na Itália não era diferente. A peste negra, que tinha dizimado milhares de pessoas em toda a Europa, estava presente na memória, assim como a peste bubônica. A escassez de alimentos, no entanto, seria uma ameaça igualmente fatal. Aos poucos a coragem e a esperança foram ganhando espaços em seus corações. A abundância de novas espécies, entre aves, roedores, borboletas saltitando de um lado para outro e a diversidade da vegetação alimentava a imaginação neste novo mundo de crianças e adultos.

 A área adquirida era equivalente a duas colônias. Uma faixa retangular tinha um terreno plano sobre uma pequena montanha com inclinação para o leste. Essa terra inclinada no topo da serra, com aproximadamente nove hectares, foi reservada para a construção da casa, um pomar, a ferraria do *nonno*, um moinho caseiro e uma miniserraria, pela abundância de água, que podia fazer girar uma roda gigantesca. Araucárias centenárias cobriam toda a terra adquirida. As madeiras para a construção da casa e das demais estruturas da propriedade não precisariam ser compradas. O difícil era derrubar e tirar do mato aquelas enormes árvores. O desmatamento teria que ser feito, também, para abrir espaço ao plantio dos alimentos, ao mesmo tempo em que as araucárias eram derrubadas e serradas em tábuas. Com a ajuda dos vizinhos, a casa dos Bortot estava pronta em cinco semanas. A lateral que dava acesso à porta de entrada da residência ficou no nível do chão, e a outra parede, com dois metros e trinta em função do declive do solo, permitia um segundo andar. Isso possibilitou fazer um amplo porão destinado ao armazenamento dos alimentos, como salame, banha, queijo, e uma pequena oficina para consertos de equipamentos. Duas portas enormes mantinham o local seguro ante a ameaça de algum bicho do mato. No mesmo local ficava um pequeno banheiro. Os quatro quartos distribuídos em partes iguais junto a um corredor que começava na sala tinham camas de casal e de solteiro. Os lastros foram feitos de treliça de madeira. O colchão de palha de milho e as cobertas e travesseiros de pena de ganso foram feitos por Anna com materiais doados pela comunidade. Bortolo fez a mesa, os armários e os guarda-roupas.

Quando finalmente a família estava instalada, o dinheiro praticamente tinha acabado. Como o resultado do plantio na lavoura levaria 4 meses para gerar colheita, a saída que Bortolo e Antonio encontraram foi trabalhar de empregados na construção de casas para os demais imigrantes que vinham se instalar na cidade de Caxias do Sul, a uns 20 quilômetros de onde moravam. Assim foi feito. Giuseppe ficaria durante meses com as noras e netos, cuidando dos afazeres da casa, de uma pequena horta onde tinham semeado abóbora, pepino, cebola, alho, *radici*. As cinco galinhas que tinham comprado precisavam ser recolhidas diariamente no galinheiro – um cercado de madeira com poleiro – para evitar que fossem devoradas por graxains, raposas e mesmo o leão-baio que andava por aquelas matas. Desde que terminara o dinheiro e se passaram vários meses na penúria, a alimentação praticamente acabara. As verduras da horta ainda não estavam no tamanho para ser colhidas, do galinheiro só vinham três ovos por dia que, junto com a polenta – farinha de milho cozida apenas com sal – serviam de refeição aos três. Beppe conseguiu carne duas vezes ao preparar uma armadilha para prender um pássaro que andava pela floresta conhecido como nambu. Ao explorar a mata, Giuseppe aprendeu com um caboclo que a semente da araucária, o pinhão, era alimento muito bom, saboroso e com elevado grau de "sustância". Quando os dois filhos retornaram para casa, já havia um suprimento de pinhão, a horta estava cheia de verduras e as galinhas produziam cinco ovos por dia. Os irmãos chegaram a pé, puxando uma mula carregada de suprimentos, tudo adquirido com os salários de operários da construção. Em dois sacos havia charque, salame, banha, arroz, feijão (produto que desconheciam, mas consumido na região), queijo, farinha de milho e de trigo. Anna ficou muito feliz, finalmente poderia fazer pão de trigo e broa. Giuseppe disse que teria de construir um pequeno forno de barro. Em um dia ele estava pronto. Só tinha um buraco, onde era queimada lenha até virar brasa. Depois de retirado o carvão da lenha, a porta de lata do forno era fechada com a massa de pão lá dentro. Todos ficaram esperando ansiosos pela primeira fornada de pão na América, o que ocorreu uma hora depois. Bortolo e Antonio trouxeram rapadura, que também não conheciam, e melaço de cana. Mais dois potes de mel, meio saco de açúcar, dois quilos de café em grão e dois quilos de sal. Sobrou algum dinheiro, que seria usado para comprar uma vaca e duas leitoas. Giuseppe contou as novidades e as descobertas que tinha feito sobre os alimentos disponíveis na floresta da propriedade, como jabuticaba, araticum, palmito, além da abundância de animais de pequeno e médio porte que poderiam ser caçados e assados. Anna levou o marido para conhecer a engenhosa obra feita pelo sogro: um quarto de banho e latrina (os nativos chamavam de "casinha" ou "patente"), que ficava no porão da casa. O banheiro, na verdade, era uma grande pipa de madeira, como a usada para guardar vinho, com capacidade para 80 a 100 litros de água. O banho naquele clima quente era indispensável. Ficou acertado entre todos os membros da família, com alguma relutância do *nonno* Beppe e da pequena Luisa, que tomariam um banho semanal. O sábado, já para o final da tarde, seria usado para esta higiene coletiva da família. Nos demais dias da semana seguia-se o de sempre: lavar as mãos e o rosto antes do café da manhã e do almoço. Para antes do jantar, seria necessário lavar, também, os pés e o sovaco para manter as roupas de cama em bom estado.

A resistência ao banho

Quando o projeto foi colocado em prática, Giuseppe mostrou por que não simpatizava com a ideia. Não gostava mesmo daquele ritual do banho. Parecia ser de sua natureza andar sujo, com as roupas meio encarvoadas e empoeiradas pelo trabalho da ferraria. Mas quando saía do banho parecia outra pessoa. O branco dos cabelos harmonizava com o azul dos olhos. De roupa limpa, bem passada e cabelos penteados impunha-se pela elegância de seu porte físico. "Agora sim está bem, meu sogro", dizia Anna. "É, pai, o banho lhe faz muito bem. Fica mais jovem", completava Bortolo. A verdade é que Giuseppe "estranhava" estar com banho tomado. Ficava com uma sensação de estar longe do serviço. A sujeira da roupa era representação do trabalho duro no campo ou da ferraria. Preferia ser visto como uma pessoa ocupada. "É tua vez, meu marido. Vai. Depois troca a água, que vou com a Luisa", dizia Anna. A água que abastecia a pipa do banho vinha de uma sanga do mato muito fria. Sempre havia a necessidade de misturá-la com água fervida para ficar com uma temperatura suportável.

Dias depois, Bortolo encilhou a mula, deu um beijo na Luisa e na Anna, que já andava com a barriga de sete meses, e prometeu que voltaria em três a quatro dias com uma vaca de leite. Levava os 900 contos de réis que restaram das compras em Caxias. Depois de horas de tentativa de diálogo, uma vez que não conseguiam entender a língua que o outro falava, conseguiu adquirir o que precisava a um preço que nunca soube se foi justo ou não. O fazendeiro colocou lado a lado duas vacas de pelo brazino, uma com um ubre enorme, que, segundo seu proprietário, produzia oito litros de leite por dia, e outra, com ubre menor, com produção de quatro litros. Bortolo achou que havia alguma coisa errada na relação entre a produção e o preço dos animais, mas acabou comprando a que tinha o ubre maior. Ao ordenhar a vaca em casa constatou que sua produção era de apenas três litros por dia. Sentiu-se logrado, mas de qualquer forma o leite foi suficiente para sua família. Usou ainda mais 1 mil réis para comprar um casal de leitões da raça piau. Era um suíno típico da região, preto com manchas brancas. Alimentava-se de tudo, mas o que mais gostava era fuçar no banhado e em raízes de árvores. Bortolo botou os dois porcos em um saco, jogou sobre a garupa da mula, saiu puxando a vaca e seu bezerro e pensando em quanto seu rebanho iria multiplicar com a abundância de pastagens e a fertilidade do solo brasileiro. Ao enxergar o pai de volta, Luisa e suas primas, Giacoma, Grazia e Maria, gritavam e pulavam de alegria. Os animais seriam seus parceiros de diversão dali em diante. O casal de leitões foi para um pequeno chiqueiro de dois por dois metros, coberto com folhas de palmeira. A vaca, que ganhou o nome de Betina, foi para a estrebaria ao lado.

Não faltava mais nada para aquela família começar a trabalhar para o futuro. Agora havia leite no café da manhã. Luisa preferia, na sua primeira refeição do dia, polenta assada na chapa do fogão, imersa em um prato de leite com um pouco de açúcar. Seu café estava completo. Depois de duas semanas, Anna guardou alguns litros de leite e fez seu primeiro queijo na América. Seria um fato corriqueiro, mas naquelas circunstâncias mereceu uma comemoração. A partir dali o *formaglio* para *mangiare* com polenta estaria sempre à mesa. *"Dove c'è formaglio e polenta tutti sono contenti"*, bradava o *nonno*. Todos riam.

O casal de leitões foi apelidado por Luisa de Bice e Bino. De fato, os dois deram cria a mais de uma centena de filhos ao longo de quatro anos. O forte apego e afeto que Luisa tinha por Bice e Bino é que lhes deu vida longa. Bortolo não tinha coragem de carnear nenhum dos dois, como fazia com todos os outros.

A igreja e a comunidade

A missa na capela de Caravaggio, naquele domingo de 26 de abril, ficaria marcada para a família Bortot. O padre Serafin, na sua preleção, deu boas-vindas a todas as novas famílias de imigrantes em italiano. A missa foi rezada em latim, no mesmo ritual da Itália. O padre ficava de frente para o altar onde estavam as imagens dos santos e de costas para os fiéis, posição que só se invertia no momento da comunhão. Bortolo, pela primeira vez no Brasil sentiu-se em casa, tranquilo, confortável, a respirar a mesma atmosfera de uma missa em Belluno. Apesar das mudanças todas na sua relação com a Igreja, menos importante e mais distanciada com o passar dos anos, a paz espiritual era a mesma. Talvez fosse o latim, que igualmente não entendia no Brasil ou na Itália. Ou porque pressentia que a vida realmente iria melhorar. Bortolo divagava até o capelão chamar-lhe a atenção ao passar a bandeja para os donativos. O padre Serafin fazia uma interpretação da Bíblia sobre o verdadeiro sentido de ser cristão. As novas almas que chegavam à América estariam sendo submetidas a situações adversas para que tivessem a oportunidade de reafirmar e viver os valores cristãos: a fé em Cristo, a caridade, a generosidade com o próximo e o respeito aos 10 mandamentos de Deus. "É dever de cada pai de família ensinar seus filhos a ir à missa aos domingos e educá-los para uma vida cristã. Ser cristão é acolher e apoiar os necessitados. Quem ajuda o próximo empresta a Deus. Hoje temos aqui as famílias dos Bortot, dos Gasparetto, dos Zanella, dos Molinet, que deixaram a Itália em busca de uma vida melhor no Brasil. São nossos vizinhos. Vamos ajudá-los nesta hora tão importante de adaptação. Uma palavra de esperança, um conforto material, a mão que se estende na hora que é necessário realizar a colheita do produto, qualquer gesto, por menor que seja, tem valor inestimável para essas famílias que estão chegando. É uma oportunidade de ouro que temos para reafirmar nossos laços de amizade, fraternidade e amor em Cristo", disse o padre. E continuou: "*Dominus vobiscum*". "*Et com espiritu tuo*", responderam os sacristãos e os fiéis (Deus esteja contigo... e com o teu espírito). Anna ficou emocionada. Não esperava uma fala tão clara e convincente. Era o que precisava ouvir. Sentia a falta da sua comunidade, do afeto dos amigos e parentes mais distantes, de se sentir integrada naquele lugar. Depois da missa, os fiéis permaneceram na escadaria da igreja para as boas-vindas aos novos colonos e para a divulgação dos avisos importantes. O capelão informou que naquela semana estaria na Linha Palmeira um funcionário da Secretaria Estadual da Agricultura para dar instruções sobre o tipo de culturas que mais se adaptavam à região. Disse ainda que estaria passando na quarta-feira o senhor Juca, comprador de porcos. Quem tivesse animais para vender que mantivesse-os nos chiqueiros. Deu início ao leilão de duas galinhas, um porco e três bolos. Os recursos seriam destinados à construção da nova igreja. Ao final convidou todos para visitarem a cantina da paróquia, onde eram vendidas balas de mocotó, pirulitos, mandolates, pés de moleque, vinho, licor e *grappa*. Foram todos lá. Na parede havia um calendário tradicional com duas figuras. Uma era de um homem gordo, bem-sucedido, com um relógio de bolso na mão. Embaixo a frase: "Este só vendeu à vista". A outra figura, um homem magro tendo a seus pés um cão mal-nutrido, com os dizeres: "Este vendeu fiado". Os homens jogavam mora e quatrilho. As mulheres falavam das coisas da casa, dos filhos, dos bordados, dos novos tipos de comida que estavam fazendo aproveitando os alimentos disponíveis, enfim, da saudade e daquela vida que levavam. As crianças, da mesma forma, aproveitavam para travar amizades, descobrir os vizinhos mais próximos e namorar com o olho, ou de mão, quando a idade o permitia e os pais davam permissão.

I nipoti brasiliani

Naquele final de tarde de 12 de outubro de 1885, um ano e meio depois de terem pisado solo brasileiro, a parteira anunciava o nascimento de um menino de pés e braços grandes, cabelos claros e olhos azuis. Na pia batismal (não havia cartório na Serra) recebeu o nome de Giuseppe. Era a tradição italiana, o primeiro filho recebia sempre o nome do avô; o neto de Giuseppe neto também seria Giuseppe, com apelido Beppe. Já o sobrenome da mãe não aparecia nem no registro de nascimento dos filhos. Em lamentável omissão à importância que Anna teve nos rumos dos Bortot no Brasil, o Molinet, por exemplo, não está no sobrenome dos seus filhos, pois, até no Brasil, a discriminação foi seguida. O costume acabou excluindo o sobrenome Bortot de todos os descendentes das mulheres da família, cujos filhos ficaram apenas com o sobrenome do marido. Quando Bortolo teve o filho nos braços compreendeu que a viagem à América não tinha volta. Anna teve o mesmo sentimento. O *nonno* Giuseppe achou mais um motivo para ter acompanhado o filho até o Brasil. Enquanto vivesse, o que lhe restasse de vida seria dedicado à educação deste e dos outros netos. O batizado de Giuseppe neto foi um evento que reuniu todos os parentes e vizinhos. Os homens vestiram seus ternos, gravatas e calçados que tinham trazido da Itália. Anna e Luisa, seus melhores vestidos de lã. A roupa de qualidade nem parecia pertencer àquelas pessoas tão sacrificadas pelo trabalho duro da lavoura. Muita comida, vinho e suco de uva. Pudim de sobremesa. Gaiteiro durante toda a festa. Os convidados riam, bebiam e cantavam. Falavam todos ao mesmo tempo, menos os homens que jogavam mora. É uma disputa entre dois cavalheiros que têm que acertar o número de dedos indicados pelos pares dos jogadores: *uno, due, tre, quattro, cinque, sei, sete...* Ou seja: ganha quem acertar quantos dedos o adversário colocou sobre a mesa mais os seus. O jogo, segundo *nonnos* e *nonnas*, tornava o raciocínio mais rápido.

Em 21 de novembro do ano seguinte nascia Joanna, a primeira neta na Serra Gaúcha, também muito festejada. Agora a família de Bortolo e Anna tinha duas filhas mulheres e um homem. Giuseppe cresceu se espelhando na vida italiana dos seus pais e avô e agora, por sua causa, também brasileiros. Cada vez mais se empenhariam em ajustar-se aos hábitos e valores do novo país.

Bortolo andava muito feliz, especialmente agora que tinha nascido o filho que daria continuidade ao nome da família. Pensava ter mais filhos com Anna, com quem tinha uma relação de muita amizade e companheirismo, sem falar da beleza que lhe nutria a alma. As dúvidas, que guardava como um tesouro de fundo do mar, eram sobre as condições em que os filhos seriam criados. Estavam longe da escola, dos médicos, do comércio e da vida civilizada de Belluno. Porto Alegre ficava cerca de 120 quilômetros de onde moravam, mas uma viagem a essa cidade era perigosa e levava muito tempo. O dinheiro que tinham obtido nesse primeiro ano mal deu para cobrir as despesas gerais. Bortolo não estava seguro da rentabilidade futura da propriedade, especialmente pela pouca área para a produção de alimentos com melhor retorno econômico. Uma parte significativa do imóvel tinha solo com muita pedra, mais própria para frutas, uva, quem sabe. Pela localização, porém, o destino desses produtos só poderia ser para o consumo da família.

Implantar o modelo de produção semelhante ao que funcionava em Modolo implicava ter uma área de terra muito superior à da Linha Palmeira. A riqueza viria com a adoção de modernas técnicas de produção em grande escala. A terra na Linha Palmeira só permitia produção com as próprias mãos, sem o recurso de mutirão, o que resultava na geração de pouco excedente. Giuseppe tentava acalmar o filho com o argumento de que na Itália havia pouca terra em poder de poucos, enquanto no Brasil havia grandes áreas, embora também estivessem sob o domínio de poucos. O pai deixava claro que a sua opinião favorável à permanência no país não significava permanecer na Serra. Em algum momento, dizia, as terras seriam valorizadas, pois todos os colonos tinham também a intenção de ampliar sua área de produção. A venda em condições mais vantajosas, especialmente aos vizinhos, permitiria adquirir uma área bem maior em nova fronteira agrícola. Tudo dependia de paciência. De qualquer forma, pensava Bortolo, "reconheço que aqui a alimentação é mais variada e farta da que tínhamos na Itália". O sonho de ser um fazendeiro, grande proprietário de terras, porém, só se realizaria pelos seus filhos Giuseppe e Pedro e, mais tarde, pelos bisnetos, mas longe do Rio Grande do Sul. As poucas economias em moeda do Império eram alcançadas com empréstimos a algum vizinho em apuros. As taxas de juros eram definidas pelo padre para que não houvesse dúvidas sobre a lisura do negócio e a justiça do ponto de vista cristão. A maior parte do sustento familiar vinha do trabalho na terra. Os alimentos produzidos atendiam em primeiro lugar às necessidade da família. Sobrava pouco para vender a terceiros e nem sempre havia condições para entregar a produção. Anna se esmerava em oferecer todos os dias refeições diferentes e nutritivas com os alimentos de que dispunha. Com o tempo, foram se acostumando a uma situação franciscana de viver com pouco e pensando na necessidade de guardar dinheiro para as necessidades do futuro. E a compra de mais terra no Brasil, embora esta existisse em abundância, era adiada mais uma vez.

A águia-imperial no dia da partida,
em desenho realizado por Esmael Ribeiro dos Santos.

Capítulo
3

SEM ATALHO
PARA OS SONHOS

Os colonos italianos tinham informações de que no Paraná e no Mato Grosso havia muitas terras devolutas que poderiam ser ocupadas, mas a ilegalidade, para esses imigrantes de países mais civilizados, ou de polícia e justiça mais enérgicas, poderia resultar em consequências penais, além da censura moral pregada pelos padres. No Brasil, o risco de conflito e até da perda de vida por grilagem era muito grande. Os Bortot, que tinham seguido um caminho de correção e ética na Itália, não iriam jogar fora seu patrimônio moral e comprometer as novas gerações com esse tipo de aventura. Não haveria atalho para os sonhos de Bortolo. Teria mesmo que percorrer um longo caminho, tortuoso e incerto. A única certeza era acreditar no resultado daquele trabalho duro e de baixo potencial de retorno financeiro. Não era bom o cenário econômico do Brasil, mesmo fora do setor agrícola, que, na época, ocupava 84% da população. A inquietação e as incertezas da conjuntura voltavam-se contra o sistema político comandado pelo imperador. Crescia no país o movimento para a deposição da coroa imperial e a posse de um governo republicano. A princesa Isabel permaneceu no Rio Grande do Sul, em 1885, por 40 dias, em busca de apoio político à Coroa. Como os colonos tinham em Dom Pedro um fiador do projeto de imigração, a eventualidade de sua substituição por um governo republicano representava mais uma ameaça às garantias das propriedades adquiridas e dos investimentos realizados.

A chuva tropical

Em um final de tarde, Bortolo chegou do trabalho no campo e, antes de entrar em casa, foi visto a caminhar de um lado para outro de sua varanda de três metros de largura por cinco de comprimento, local em que a família sempre se reunia em momento de descanso. Bortolo não parava de olhar para a formação de nuvens negras do sul para o norte. Desde Belluno sabia do perigo que representavam nuvens negras no horizonte, que, na Itália, se movimentavam do leste para o oeste. Mas o efeito era o mesmo, muita água caía do céu e provocava inundações nas terras do conde. Quando Bortolo entrou em casa, esqueceu das nuvens ao ver os filhos, a mulher e a comida à mesa. De repente, um vento furioso como um tufão desprendeu e arremessou contra a parede oposta a janela da cozinha, que estava semiaberta. O que se viu no céu foi um redemoinho carregado de galhos de árvores e poeira que se aproximava entre um relâmpago e outro. Só teve o tempo de gritar para que todos se deitassem no chão quando a casa começou a tremer. A cobertura de madeira subiu para o céu, inteira, como se fosse uma folha de bananeira. Em seguida, começou uma chuva de pedras e todos tiveram que correr para o porão, único ambiente coberto que restava. A família passou a noite ali. Na manhã seguinte foi possível avaliar o estrago do vento e das pedras de gelo. A mesa com os restos do jantar interrompido ainda estava coberta de granizo. Apesar de todas as dificuldades para se estabelecer, ainda tinham que lidar com um desastre. *"Ma porco dio"*, blasfemava Bortolo. O que teria feito de errado para merecer este tratamento de Deus? Seria a antipatia do pai para com os padres? Seria punição por ter deixado a Itália com todos os parentes e antepassados? Mas isso não iria abatê-lo. *"Avanti tutta. Non scordare che i Bortot non si arrendono mai, sono dei duri"*, disse Bortolo, se referindo à frase recorrente de seu *nonno* Andrea, pai de Giuseppe, diante de alguma dificuldade.

Assim que Giuseppe neto começou a dar seus primeiros passos, foi feito um reforço em toda a estrutura da casa para enfrentar novas traições da natureza. O subsolo foi fortalecido com pedra. É que Joanna estava a caminho, a primeira filha mulher nascida no Brasil. Ao contrário do que Bortolo pressentia, seguiram-se anos em que as condições climáticas contribuíram para produção abundante e acúmulo de algumas reservas em dinheiro. Não dava para dizer que sobrava, mas já tinha o suficiente para vestir bem os três filhos, em especial Luisa e Giuseppe, que começaram a escrever e a fazer contas na língua portuguesa. Em italiano, desde muito pequenos, adquiriram esses e outros conhecimentos, de história especialmente, com a mãe. Anna, sempre depois do jantar e da louça lavada, passava as lições aos filhos, enquanto Bortolo acompanhava as notícias em português e, às vezes, em espanhol, na estática do rádio ligado a uma bateria. Depois de Joanna viria Rosa. Em 12 de maio de 1892, nasceu Pedro, o último filho do casal, que vinha ao mundo com muita determinação, característica que foi cada vez mais acentuada à medida que crescia. "Esse nasceu pronto", costumava dizer Bortolo ao observar o menino engatinhar muito cedo e, com menos de um ano, correr pela casa e falar suas primeiras palavras.

Os filhos mais velhos, Luisa e Giuseppe, recebiam lições diárias de italiano e da língua portuguesa falada na Serra Gaúcha, além do que estudavam no colégio. Não dá para dizer que se ensinava exatamente o português, pois não se seguiam regras gramaticais. Usava-se apenas o verbo, sem qualquer conjugação, para uma comunicação precária, muito mais pobre do que a dos caboclos e índios do Brasil. Toda vez que Bortolo tinha de ir ao armazém de secos e molhados de Farroupilha, estava submetido a esse entrevero de comunicação. Perdia uma longo tempo para dizer o que desejava e verificar o preço de cada coisa que queria. O comerciante, pouco paciente com os colonos, criava ainda mais dificuldades com sua pronúncia lusitana. Nem mesmo os gaúchos compreendiam o que ele falava. Parecia coisa pensada para tirar algum proveito da confusão. Bortolo sempre lembrava do dia em que o português lhe mostrou a caderneta de anotação de todos os produtos que havia comprado para pagar com a colheita da lavoura. Bortolo não conseguia entender o que estava escrito, apenas os valores da dívida é que ficavam claros. Seu próprio nome estava errado. O comerciante lhe havia atribuído o nome de Bortolomeu Bortote, coisa recorrente entre muitos moradores brasileiros e os próprios italianos.

Bortolo explicou ao português, com as palavras que dominava, que seu sobrenome na verdade era Bortot, sem o "e" no final. "*Se parla Bortot e non Bortote ou Bortoti. Capito?*" Disse que a grafia do nome vinha de séculos. Embora não soubesse o significado, exigia respeito à marca da família, que não poderia ser mudada. Seus avós Andrea e Giacometa diziam que seus antepassados tinham migrado da França bem antes da unificação da Itália (20 de setembro de 1870), portanto, não havia possibilidade de ser um italiano. Se, por tantas gerações a marca Bortot não foi italianizada, não seria no Brasil que isso iria ocorrer. Teriam que ficar sempre atentos para evitar que a forma errada de pronúncia do sobrenome acabasse incorporada pela própria família. O "t" mudo no final do sobrenome também estava presente em diversas outras famílias de Belluno.

———•◆•———

Sono felice

Fora esses embates culturais, a vida para Bortolo seguia o rumo do destino. Tinha seus altos e baixos, mas a mesa sempre estava farta de alimentos, especialmente feijão e arroz, incorporados definitivamente ao almoço. No jantar, o prato principal era a polenta com *fortaia* ou carne, quando tinha. Filhos bem alimentados significava a certeza de jovens saudáveis e mais braços na lavoura. Bortolo vivia um momento de encantamento por Anna e sua prole, que verbalizava toda a vez que bebia um copo a mais de vinho. "*Sono un uomo felice*", dizia. Quando a alegria do álcool desaparecia, pensava, vez ou outra, que talvez o melhor fosse vender tudo e voltar para os Alpes. Um dos argumentos opostos tinha a ver com a vergonha que passaria perante os parentes pelo fracasso da aventura. Ponderava, no mesmo sentido, a oportunidade que teria caso houvesse uma mudança na estrutura política e de poder no Brasil. Mesmo com a imensidão de terras disponíveis para a agricultura, estas pertenciam a um restrito número de pessoas que prefeririam mantê-las improdutivas como reserva de valor. Coisa semelhante ocorria com as áreas devolutas de boa qualidade. As terras vendidas aos italianos na Serra Gaúcha eram as piores do Rio Grande do Sul, como que escolhidas a dedo para desestimular a vinda de mais estrangeiros. O sistema de trabalho familiar de cada um em sua propriedade tinha desvantagem em comparação com o feudo, especialmente no plantio e na colheita, tarefas para um grande número de pessoas em mutirão. Aqui cada um cuidava do seu com apenas a mão de obra da família, e isso provocava atrasos em função de chuva ou seca. O que vinham produzindo tinha pouca demanda no mercado e os preços eram baixos devido à oferta abundante. Fora o vinho, o porco tinha mercado consumidor com os mesmos problemas de preços achatados. Quem ficava com a maior parte dos ganhos eram os atravessadores e açougues. A baixa rentabilidade desse modelo de negócio levou muitos imigrantes a produzir e comercializar móveis, utensílios agrícolas, carroças e artesanatos, produtos escassos e de maior valor em pequenos povoados da colônia.

    O que também incomodava Bortolo era a situação de isolamento. Em Modolo, todas as famílias que trabalhavam no feudo viviam em casa ao lado da outra, mesmo na área de montanha. Isso permitia o convívio diário com os vizinhos. Bom para as crianças e as mulheres, que sempre encontravam novidades para comentar. A idade avançada do *nonno* Giuseppe para uma nova travessia do Atlântico também contribuiu para Bortolo abandonar em definitivo a ideia da volta. Quem sabe as coisas mudassem e surgisse nova oportunidade aqui mesmo pelo Brasil? A esperança se fortaleceu com a visita de um técnico em agronomia do governo gaúcho a Linha Palmeira para avaliar quais atividades agrícolas seriam mais adequadas àquele tipo de terra. Foram identificadas todas as potencialidades do solo e do clima para a formação de um pomar, o que comprovava a intuição da família de que as terras que tinham deixado na Europa eram de melhor qualidade. Bortolo escolheu dois hectares com composição rochosa na encosta da montanha para cobrir de frutas. A uva, em especial, adaptava-se bem ao solo rochoso. A raiz da planta necessitava penetrar mais fundo para buscar os nutrientes de que necessitava e isso geraria frutos de melhor qualidade. Giuseppe dividiu a área em módulos para plantar a maior quantidade de mudas de diferentes frutas, preservando um espaço de 40% para as videiras. Propriedade de italiano que se preze deve produzir e reservar vinho o ano todo para acompanhar nas refeições. Depois da uva, deveriam ser plantados pêssego, maçã, ameixa branca e preta, pêra, caqui, laranja, tangerina, bergamota, lima, limão, marmelo, amora, goiaba e nozes. O pomar de Beppe levou dois anos para começar a dar frutos. Era um trabalho duro, mas prazeroso, para seus 89 anos. Não precisava de força para manter as árvores produzindo, apenas de arte para saber o momento certo da poda ou quando o marmelo, por exemplo, precisava ser espancado com uma vara fina para produzir frutos mais graúdos. Ou ainda o enxerto de uma espécie com outra para aumentar a produção ou melhorar o sabor. Ao lado do pomar, Beppe instalou algumas caixas com abelhas para aproveitar a produção de mel com o aroma de tantas flores. A primeira colheita de uva Santa Isabel – de videiras importadas dos Estados Unidos pelo imperador – exigiu a ajuda de toda a família. Foram colhidas centenas de cestas de uva. Anna, Lucia, Giacoma, Grazia e a pequena Luisa, durante todas as tardes de uma semana inteira, tinham como tarefa exclusiva pisotear os cachos de uva dentro de uma pequena tina de madeira. Dizia-se que, se o trabalho fosse feito por homens, colocaria em risco a qualidade do vinho. Essa uva esmagada passava para uma pipa de mil litros para fermentar e separar o líquido do bagaço. Beppe conseguiu ainda produzir do bagaço a *grappa*. Anna e Lucia puderam fazer geleia de uva e alguns litros de vinho doce de colheita tardia. O pomar do *nonno* melhorou a alimentação. Não só isso. É na atividade agrícola – plantando e colhendo milho, trigo, feijão, arroz –, na extrativa – colhendo pinhão das araucárias – e com a produção de porcos que Bortolo vai garantir o sustento da família.

As convicções de Giuseppe sobre a responsabilidade do que acontecia de bom ou de mau nada tinham a ver com a mão de Deus. As coisas aconteciam por uma dinâmica própria da natureza ou decisões certas ou erradas do ser humano. Sobre os fenômenos naturais não havia o que reclamar. Já quando alguma coisa feita pela mão do homem não dava certo, o erro deveria ser atribuído a quem não teve o cuidado de evitá-lo. Deus, se existisse, não tinha nada a ver com isso. Mas na hipótese que tivesse, a pessoa teria que carregar um grande sentimento de culpa e, o pior, conviver com a punição divina. Sobre esses assuntos Giuseppe pouco comentava em família para não constranger ou aborrecer Anna, que tinha todas as explicações do mundo construídas em torno dos ensinamentos católicos. Giuseppe conseguia ver com clareza no mundo real que seus produtos iam para um mercado consumidor de baixa demanda e rentabilidade, com exceção do vinho. O grosso do dinheiro que circulava no Brasil vinha da exportação de café, açúcar e charque. Nenhum dos produtos fazia parte da atividade dos italianos da Serra Gaúcha.

———•◆•———

De repente, a Revolução

Os sinais de que as coisas poderiam piorar vieram naquele inverno de 1893. O Rio Grande do Sul estava em uma guerra civil entre federalistas e republicanos. O governador Júlio de Castilhos aderiu à república do marechal Floriano Peixoto e era frequentemente acusado pelos federalistas de eliminação física dos adversários e expropriação de seus bens. Como a colonização da Serra Gaúcha tinha sido obra do imperador, muitas famílias foram saqueadas e seus chefes degolados por suspeita de simpatia pela causa federalista. O general Gumercindo Saraiva (Arroio Grande, 1852 – Carovi, Capão do Cipó, 1894), maragato, federalista, avançava com seu exército da fronteira com o Uruguai para combater as tropas do Estado, republicanas. À medida que progredia pelo pampa, ganhava adesão em combates violentos e derrotava as forças da Brigada Militar, de Júlio de Castilhos. O respeito ao estado de direito e a todas as demais leis tinha desaparecido. As famílias com condições financeiras abandonaram suas propriedades rurais em busca de abrigo nas regiões metropolitanas. Saraiva traçou uma estratégia de guerra de movimento, buscando atingir o Paraná pela Serra Gaúcha, onde sabia existirem condições para garantir o suprimento da tropa. Ao acordar naquele domingo, 30 de junho, o pequeno Giuseppe viu que, sobre o branco do campo coberto de neve, havia milhares de cavalos e pessoas esquentando-se em torno de fogueiras, onde assavam carne.

"Papa, há muita gente churrasqueando em nossas terras", disse ele ao entrar no quarto onde Bortolo ardia de febre. Naquela madrugada, o coronel Aparício Saraiva, irmão de Gumercindo, com cerca de 900 homens, havia acampado no campo de Bortolo, depois de duas noites e dois dias de fuga pela região de Flores da Cunha e Farroupilha. A invernada dos Bortot, em uma encosta do mato, tinha sido projetada justamente para proteger o gado dos rigores do inverno. O coronel teve a mesma ideia quando decidiu acampar. Graças à altitude, podia vigiar qualquer aproximação do inimigo e fugir a tempo. "Buenos dias, em nome do general Gumercindo Saraiva, das tropas federalistas, peço permissão para carnear gado e porcos a fim de alimentar nossa tropa, que está sem comer há dois dias", disse o dr. Dourado, médico da coluna, ao *nonno* Giuseppe. Na realidade, todo o gado do campo já tinha sido abatido e virado churrasco no café da manhã dos soldados. Apenas os porcos do chiqueiro estavam vivos. "*Che parla? Non capito niente*", disse o *nonno*, virando-se para o neto. Dourado explicou que o Rio Grande do Sul estava em uma guerra civil e que podiam requisitar animais de monta ou alimentos para as tropas, que seriam indenizados aos seus proprietários no final da disputa, caso os federalistas vencessem. "*E io que posso fare?*", perguntou Beppe ao neto, pedindo para explicar que seu filho Bortolo, o único em condições de trabalhar, estava enfermo em uma cama. "Isso é demais, além de saquearem nossos bens, temos que torcer para que vençam a guerra para receber alguma coisa pelo prejuízo?" O garoto traduziu o raivoso discurso em italiano. O médico mandou explicar ao *nonno* que não adiantava se opor, pois não havia como evitar o inevitável. "A tropa precisa se alimentar. É o único jeito de partir daqui, com ou sem a sua permissão". O abate de todo o rebanho bovino de 10 reses foi concluído, mais o de todos os 15 suínos. A economia feita pelos Bortot durante anos de trabalho duro diluiu-se no rancho dos revolucionários. "*Ma perché noi?*", pensava na cama o febril Giuseppe. Não sobrou uma só fruta no pomar. Os soldados atacaram-nas de madrugada como um bando de gafanhotos famintos. Só sobraram os talos e as folhas das árvores.

Quando as tropas começaram a partir, no dia seguinte, o dr. Dourado decidiu fazer uma visita para agradecer a hospitalidade dos Bortot e ver o doente. "Quando aqui chegarem as tropas do governo, digam que sua propriedade foi saqueada ("E não foi isso?", perguntou-se o *nonno*) para vocês não sofrerem perseguição. Esse pessoal do Júlio de Castilhos é sanguinário e pode castigá-los", disse o médico, ao lembrar uma família de cinco imigrantes degolada nos últimos dias pelos correligionários do governo. O *nonno* não entendeu bem o que dizia o doutor Dourado, mas como veterano de guerras civis, conhecia esse jogo e sabia como se comportar. Não tinha mais as suas armas e o vigor físico de antigamente e, com Bortolo doente, não queria envolver seu outro filho, Antonio, em uma desgraça. A presença de um médico naquelas condições poderia ser um sinal. "Quem sabe não é uma prova divina? Temos que abrir mão dos bens materiais para salvar Bortolo", disse Anna.

Depois de um longo exame e do relato do sintoma da febre, feito pelos familiares, o dr. Dourado não teve dúvidas. Chamou o *nonno* reservadamente e deu seu diagnóstico: "É febre amarela, transmitida por mosquitos. O paciente vai ficando com o organismo debilitado até não suportar mais. É questão de semanas". O médico passou uma receita de medicamento caseiro e recomendou aos demais parentes cuidado com as picadas de mosquitos.

O adeus de Bortolo

Todos os finais de tarde, Bortolo tinha febres elevadíssimas. Os lençóis e o travesseiro ficavam encharcados de suor. Depois ele caía em um sono profundo, acordando aos gritos. Num desses delírios de início de noite, Bortolo sonhava que era criança em Belluno. No meio da montanha, de onde vinha um vento gelado de final de tarde, seu avô Andrea falava da formação do pequeno riacho que descia o morro, sempre com maior volume de água no verão por causa do degelo. Sobre a parte mais elevada da rocha, que raramente podia ser vista por causa dos nevoeiros constantes, havia o ninho de uma grande ave de dois metros de uma ponta de asa à outra. Bortolo nunca deveria ir até lá em cima, uma vez que o pássaro poderia furar seus olhos e arrancar seu coração com as afiadas garras. Deitou-se embaixo de uma castanheira no meio do Monte Schiara, quando viu a ave precipitar-se sobre ele. Acordou ainda mais assustado, aterrorizado. Não conseguia entender por que Deus estava alheio ao seu sofrimento. Para ter um fim como aquele, teria sido melhor ter ficado na Itália. A mulher, os filhos e seu pai estariam mais amparados. De que valeu todo o sacrifício de uma longa viagem pelo oceano, da luta para organizar uma propriedade, da humilhação de falar errado, de ser um estrangeiro no Brasil? E o futuro dos filhos e netos? *"Io voglio vivere, io voglio vivere"*, dizia. Depois de passar semanas delirando, em um raro momento de lucidez mandou chamar seu filho Giuseppe, a quem pediu que segurasse sua mão. E daí inspirou o ar da Serra Gaúcha pela última vez. Permaneceu agarrado àquela mão até a sua ficar completamente gelada, sem vida, naquele meio-dia de 9 de agosto de 1893. Tinha 46 anos. Seu coração foi levado nas asas do grande pássaro para as montanhas dos Alpes. O pequeno cemitério da Linha Treze de Maio recebeu o corpo de Bortolo. O trajeto da casa até o cemitério foi um pesadelo. Todos choravam compulsivamente, cobertos por grossas roupas pretas de luto. Nem mesmo a cantoria fúnebre e as rezas entoadas pelo padre Angelo Donato, vigário da Igreja Nossa Senhora de Caravaggio, conseguiam superar os lamentos, que contaminavam amigos e vizinhos.

Quando o coveiro colocou o caixão de madeira na sepultura, Anna jogou-se junto. *"Io voglio andarmene com Bortolo"*, dizia, desesperada. Os filhos de Bortolo eram consolados, enquanto um grupo de homens tratava de retirar Anna da sepultura.

Giuseppe, já bem desgastado pelo efeito do tempo sobre a carne e os ossos, pensava, agora com 93 anos, que o natural seria ele estar no lugar do filho. As forças e a energia já o tinham abandonado. Vivia lutando com uma doença aqui, outra ali, que se manifestavam no corpo enfraquecido. Era profunda a tristeza que trazia na alma por estar em um lugar que em nada lhe lembrava os momentos de vida que ficaram para trás. Por vontade, teria partido para se encontrar com Graziosa, se é mesmo que a promessa do paraíso existia. Embora fosse temente a Deus, continuava com dúvidas. O padre levou Anna e seus filhos para a sacristia, preocupado com o estado geral daquela família. Procurou dar um sentido à tragédia, dizendo que, sendo vontade de Deus, haveria alguma razão difícil de ser compreendida, mas que deveria ser aceita com humildade. O pequeno Giuseppe não conseguiu dormir naquela noite. Com poucos anos de vida, repassava todas as suas atitudes para identificar o que teria feito de errado para merecer um castigo como aquele. O que teria levado Deus a permitir uma crueldade tão grande com sua família? Não havia explicação. Anna compreendeu, mas não conseguiu superar o trauma. Tentou reagir. Já tinha cinco filhos para criar e cuidar do sogro com idade avançada. A rotina de trabalho foi retomada aos poucos e com muito sacrifício para todos, especialmente para Anna, cuja tristeza lhe corroía silenciosamente o corpo e a esperança. Embora fosse uma mulher ainda jovem, ela não podia contar com a ajuda dos pais, que migraram já com idade avançada e tudo que podiam fazer era cuidar da pequena propriedade que tinham perto de Caxias do Sul.

A colheita do trigo foi feita naquele ano com a ajuda de todos os vizinhos, em um mutirão. A rotina do trabalho era cada vez mais pesada para aquele grupo de crianças. A escola deixou de ser prioridade para elas. Tinham que ajudar nas tarefas cotidianas de uma propriedade. O *nonno* Giuseppe retomou o ofício de ferreiro e de construtor de carroças, veículo de transporte muito utilizado para cargas e passeio. A produção era pequena, mas o suficiente para gerar um dinheiro e ensinar a seus netos o básico daquele ofício, enquanto descansavam da jornada extenuante da roça. A trágica morte de Bortolo chegou meses depois a Belluno e provocou grande comoção. Todos ficaram preocupados com as condições de sobrevivência na América. Os tempos também estavam difíceis para os parentes que continuaram na Itália. O primo Mateo tinha ficado inválido em acidente de trabalho na Áustria. O jovem Zaccaria, que foi trabalhar na Alemanha para ajudar com as despesas de sua mãe viúva, perdeu a vida de uma maneira trágica. Quando trabalhava como operário no subsolo da mina Waldenburg, na cidade do mesmo nome, houve uma explosão e toda a cratera foi soterrada. Seu corpo ficou enterrado no local. A notícia só chegou ao Brasil em 1906, deixando os Bortot daqui muito abalados.

Chegavam também da Europa relatos sobre a atuação política de Giovanni Bortot, sobrinho de Giuseppe que fora eleito para representar as ideias socialistas de operários e camponeses junto à administração municipal de Belluno. Apesar da importância de seu papel político, a situação financeira de Giovanni era precária. Mal conseguia alimentar a família por causa da dedicação quase exclusiva à causa coletiva. Giovanni não quis migrar para o Brasil. Achava que o quadro italiano de pouca oferta de trabalho teria que ser alterado com o tempo, em consequência das mudanças na estrutura da sociedade, a exemplo do que acontecia na Alemanha, por onde andara muitos anos em trabalho temporário. As reformas sociais, porém, tardavam na Itália, que continuava sob o poder da nobreza e da burguesia em ascensão. As novas ideias – que, na vida prática daqueles camponeses e operários, representavam a aspiração por emprego e comida na mesa – ganhavam adeptos entre os bellunenses há mais de quatro décadas, influenciados pelas teorias de pensadores como o francês Pierre-Joseph Proudhon e o italiano Benedetto Croce. O Giovanni Bortot que ficou na Itália, como aponta o historiador Frederico Vendramini em seu livro *Tu-*

tela e autotutela degli emigranti tra Otto e Novecento, era o *"capo di tutti i capi"* do movimento operário de Belluno. A adesão a essas ideias levou à formação de uma frente entre democratas e o Partido Socialista, que conquistou a prefeitura municipal. Giovanni Bortot foi eleito para participar dessa estrutura formal como representante dos operários. A estratégia do governo italiano para aliviar as tensões sociais e políticas foi intensificar a migração para amenizar o problema da superpopulação e a substituir a mão de obra por máquinas em áreas de produção industrial. Era bem melhor criar oportunidade para que o proletariado fosse construir com seu trabalho a riqueza de outros países do que ameaçar, em casa, a riqueza dos nobres, da Igreja e dos burgueses emergentes.

O sentido da vida para Beppe

A efervescência política em torno do ideário socialista não chegou ao Brasil, entre outros motivos, por decisão da Igreja, que se apresentava como defensora dos imigrantes e pretendia protegê-los de eventuais perseguições da polícia de Júlio de Castilhos. Esta tinha instruções de cortar pela raiz a praga que ameaçava o capitalismo emergente nos trópicos. Na Itália, é bom lembrar, o sistema da *mezzadria* imposto pelos senhores feudais determinava que os camponeses entregassem à Igreja 10% do que produziam, e isso certamente sustentava a aliança de clero e nobreza. No Brasil, com interesses não tão implícitos, os padres italianos estavam comprometidos em viabilizar um modelo produtivo ancorado na propriedade privada, e o socialismo era inimigo do sonho de ficarem ricos da maioria dos imigrantes que vieram fazer a América. Além de ser pecado. Giuseppe, que apesar de compartilhar as crenças sobre a necessidade de mudança social dos Bortot da Itália, convenceu os dois filhos mais novos a seguir o receituário econômico dos padres. Mesmo sem conhecer os fundamentos da economia, era um excelente administrador de recursos e acumulador de resultados, coisa que aprendeu na supervisão de suprimentos nas antigas guerras. "Sempre se deve consumir menos do que se produz. É preciso diversificar as fontes de suprimento de tudo que uma família precisa para viver. O que sobrar, inclusive o dinheiro, tem que ser bem guardado para os imprevistos do futuro."

O *nonno* acreditava e transmitia aos descendentes que a fonte justa da riqueza é o trabalho. A riqueza obtida com a esperteza no comércio e a cobrança de juros nos empréstimos entre as pessoas, como os padres diziam, era roubo. Para Giuseppe, o justo trabalho do homem deveria estar presente em todos os alimentos, mercadorias e serviços produzidos. Na maioria dos casos, sem a mão do homem, muitos desses bens não existiriam. A não ser, como dizia, a riqueza da natureza. Os peixes do mar, dos rios, as árvores, o mármore, o ouro e a prata eram bens generosamente oferecidos aos homens, que, de qualquer forma, tinham que usar sua força de trabalho para incluí-los no mercado consumidor. Já as riquezas acumuladas em herança pertenciam a quem as gerou com seu trabalho. Para ele, toda a riqueza acumulada com o trabalho dos outros não era justa. Considerava, por exemplo, uma indignidade os descendentes usufruírem dos bens da família sem nunca trabalhar. Esses parasitas, para o *nonno* Giuseppe, viviam no ócio e nem mesmo lembravam dos que lhes haviam legado uma vida boa, como se tivessem consciência de que não mereciam ser guardiões daqueles bens.

———•◆•———

Giuseppe se junta ao filho

Já o legado deixado por Bortolo era muito mais de projetos a serem executados por seus descendentes do que de bens, a não ser a terra onde viviam. Giuseppe, mesmo com poucas forças pela idade, tentou, por cerca de um ano, ocupar o papel de Bortolo no trabalho da lavoura. Seja pelo esforço físico ou o desgaste natural da idade, partiu em silêncio na madrugada de um domingo, bem velhinho, com cabelos e barba totalmente brancos. No sábado, como de costume, tinha tomado um bom banho. Depois, como sempre, ficava falante, animado. No jantar bebeu dois copos do vinho que ele mesmo tinha produzido. Falou para os netos e nora da grande aventura de estar na América, da saudade que tinha da neve e que tudo fora bem diferente do que tinha imaginado para sua família quando casou com Graziosa. Sonhara com uma vida simples, mas confortável. A Universidade de Pádua deveria ter sido o destino de seus filhos e netos. Bortolo e Antonio não conseguiram chegar lá, mas agora os bisnetos poderiam alcançar esse objetivo, que seria um passaporte efetivo para o futuro das novas gerações. *"Un giorno avremo un dottore in famiglia."*

Deitou na macia cama encostada no lado esquerdo do quarto em frente à janela, que naquela noite permaneceu aberta para a entrada do ar fresco da serra. Pôde ver na noite iluminada de lua cheia as três-marias, estrelas que costumava olhar sempre que urinava antes de deitar. Estavam elas lá, mas em uma localização diferente daquela do céu espelhado no Monte Schiara coberto de neve. Fechou os olhos com a imagem pela última vez. A morte deixou a família ainda mais desolada.

Maioridade aos dez anos

As perdas do pai e do avô em um intervalo de dois anos abalaram Anna e os filhos. A notícia divulgada na missa das 8 horas só não teve impacto maior por causa da idade avançada de Giuseppe. Os registros oficiais da Igreja indicam que Giuseppe foi enterrado na Linha Palmeira em 18 de maio de 1895 em um final de tarde muito chuvoso, o que não impediu a presença de centenas de compatriotas que foram homenageá-lo pelo que fizera pela liberdade na Itália e pela coragem de ter enfrentado, com tranquilidade e bom humor, todas as dificuldades em uma idade muito avançada para dar conta de desafios físicos difíceis até mesmo para os mais jovens imigrantes da Serra Gaúcha. A preocupação das pessoas da comunidade era com os meios de sobrevivência da família, em que o filho mais velho tinha apenas 10 anos. Dificilmente teria condições de dar conta das tarefas pesadas de colheita, plantio e lida com os animais. O modelo econômico familiar corria o risco de naufragar – mesmo em famílias bem estruturadas, com mão de obra adulta –, ainda mais diante dos sinais de doença da mãe. Giuseppe neto viu-se no mundo também sem pai e sem avô, solidão e impotência mais angustiantes à medida que vizinhos bem-intencionados lhe falavam na responsabilidade de ser o novo "homem da casa". Com a idade que tinha não se sentia em condições e nem com capacidade de tomar decisões. No meio turno da escola que frequentava estava começando a decorar a tabuada e ainda não tinha dominado todas as questões de somar e dividir, conhecimento fundamental na hora de comprar ou vender. O desespero tomou conta de sua cabeça e, para fugir daquele torvelinho de temores e pressentimentos, resolveu ir ao porão e ingerir grande quantidade de vinho pela torneira da pipa, como se estivesse tomando água. Quando sentiu as entranhas sem mais espaço para o líquido subiu em uma rampa de madeira usada para observação da estrada que dava acesso à propriedade e que permitia uma visão ampla do vale e das montanhas. A imensidão de terra coberta de verde coube inteira em sua alma, dando-lhe sensação de grandeza, de poder. Lá em cima estava tudo em ordem, mesmo com o movimento de algumas nuvens rumo ao norte, carregadas de água. O efeito do álcool e da exuberância da paisagem abriu as portas para ideias animadoras sobre os desafios que teria como provedor da família, enquanto era tomado por um sono profundo. Acordou com os chamados dos irmãos, meio grogue e com um gosto amargo na boca por causa do vinho que bebera acima da conta. Só não levou uma surra de vara de marmelo porque Anna estava sem força e sem ânimo para impor um castigo exemplar, mas ouviu coisas muito duras sobre o que é ser homem e ter responsabilidades. Guardou as palavras da mãe pelo resto da vida.

    Uma profunda tristeza tomou conta de Anna. O cunhado Antonio, embora sempre disposto a ajudar com o trabalho na lavoura, tinha também que produzir alimentos para sua família e ganhar o necessário para pagar as dívidas da terra adquirida. Anna não poderia mais contar até mesmo com Giuseppe, que desempenhava várias tarefas que não exigiam grande esforço físico. A partir dali, Anna Molinet teria que desempenhar integralmente as tarefas de homem e mulher na luta diária para dar de comer aos filhos e levar adiante o sonho de Bortolo na América. E seu trabalho era realizado com dores nas mãos, uma doença que já anunciava sua presença. Começava ao clarear do dia, alimentando os porcos e as galinhas e tirando o leite das vacas para o café da manhã. Depois seguia para a atividade na roça, antes executada pelo marido, e agora interrompida para fazer o almoço. Na parte da tarde voltava para a atividade agrícola até o crepúsculo, quando teria que preparar o jantar. A colheita do trigo, milho, feijão, às vezes era feita com a ajuda de todos os vizinhos. Anna Molinet teve que encontrar forças ainda para lidar com a negociação de tudo que produzia, ocupação a que nenhuma das mulheres de sua época estava preparada. Além da dificuldade com a língua, teve que dominar a matemática para se defender ante comerciantes espertalhões, sempre atentos para tirar vantagens de uma mulher de aparência frágil. A rotina ficava também cada vez mais pesada para aquele grupo de crianças. A escola deixou de ser prioridade para elas. Tinham que ajudar nas tarefas cotidianas de uma propriedade. Isso sem falar que Pedro, o filho mais novo, com apenas um ano e poucos meses de idade, dependia dos cuidados diários da mãe e dos irmãos. Algumas tarefas também tinham recaído sobre as costas de Giuseppe neto pela sua determinação e confiança, virtudes despertadas desde muito pequeno. Uma de suas atitudes marcantes, cravada na memória de todos, foi aos 11 anos.

No fundo do poço, literalmente

O poço de onde vinha água para cozinhar e beber estava secando. Alguém teria que descer até o fundo, coisa de oito metros, e realizar a limpeza dos buracos das vertentes de água. Para uma pessoa adulta seria muito arriscada a tarefa, devido à ameaça de desabamento da estrutura sobre a parte externa, onde ficava uma manivela com uma corda para descer e subir com baldes de água. Diante do problema, alguém olhou para Giuseppe com a sugestão de que ele seria a pessoa ideal, pois sua magreza e altura permitiam que descesse no poço dentro de um balde. Para surpresa de todos, o pequeno concordou em executar o trabalho, apesar da contrariedade da mãe, que via grande perigo para uma criança daquela idade realizar um serviço de adulto. Após muito bem amarrado em cordas no balde, ele foi lançado para dentro do buraco escuro. O candeeiro que carregava em uma das mãos só iluminava as paredes úmidas do poço da cintura para cima. Seus trêmulos pés navegavam em um espaço escuro sem fim. Quando tocaram em um fio de água, gritou avisando para que travassem o movimento de descida. À luz foi possível ver, como imaginavam os que estavam lá em cima, que havia pouca água. Nela Giuseppe entrou até os joelhos e começou a fazer o trabalho encomendado: tirar a lama de pequenos orifícios de onde brotava o líquido e jogá-la dentro do balde. Quando este ficou cheio, se deu conta do grande perigo a que estava exposto. O balde, ao ser alçado, transbordando de lama, poderia despencar sobre ele. Encostou-se na parede, imaginando que poderia estar mais protegido. A tremedeira nas pernas subiu para a cabeça e seus dentes não paravam de bater, mas a operação de limpeza foi concluída e ele pôde ver com alegria que o fluxo de água ficara mais rápido. Era o sinal de que deveria deixar o fundo do poço. Não fosse pelos perigos, era um ambiente até agradável, temperatura amena, água fresca e límpida, bom lugar para ficar longe de tudo e de todos.

 Agora era ele quem subia no balde para ser tirado do buraco, deixando atrás a escuridão e o medo. Uma alegria nunca antes experimentada impregnava sua carne. Sentia-se com energia e força muito maiores do que os pequenos músculos dos braços aparentavam. Fora daquele buraco foi homenageado pela coragem e determinação. Anna Molinet viu naquele filho a fortaleza que a ela e aos irmãos serviria de ajuda pelo resto de suas vidas. Anna fora uma mulher bonita em seus traços. Agora, com um corpo franzino, de pele morena muito enrugada, olhos azuis quase desbotados, como que desafiava as leis da gravidade para manter-se de pé devido ao grande esforço feito em décadas de trabalho duro. Tinha acumulado uma boa poupança para a família, seus filhos já eram praticamente adultos, a carga de responsabilidades tinha diminuído, mas o preço por todo o esforço físico e emocional começava a ser cobrado. Sentia dores na musculatura dos braços e das pernas. Todos os remédios que tomava à base de plantas ajudavam a amenizar a dor, mas a doença continuava. Um ano após os primeiros sintomas estava com os braços e pernas travados, quase paralítica. Tempos depois, passou a ter dores de estômago cada vez piores, o que atribuía a algum alimento do Brasil diferente do que seu organismo costumava ingerir na Itália. A doença, que hoje seria diagnosticada como úlcera ou câncer, iria sacrificá-la por muitos tempo, deixando-a sobre uma cama nos últimos dez anos de vida, por falta de forças para manter-se em pé. Giuseppe, com o passar do tempo, foi tendo que fazer quase tudo com ajuda de Luisa, que tinha corpo de mulher e força de um homem feito. Os dois foram, cada vez mais, dando conta da produção dos alimentos e cuidando da criação de porcos e galinhas, trabalho este mais leve feito também por Joanna, Rosa e o jovem Pedro. Um ganho extra era obtido por Anna, em uma das poucas atividades que conseguia executar sem dor: a produção artesanal de luvas e bordados de toalhas. As luvas eram vendidas ou doadas aos vizinhos que vinham ajudar nas tarefas de plantio ou colheita. Contrariando a tendência de doses homeopáticas de desgraça, os Bortot sobreviveram à fase mais difícil de viabilização da atividade agrícola e a primeira geração nascida no Brasil já estava em fase adulta com um pequeno acúmulo de capital feito com administração rigorosa de Giuseppe, em continuidade a tudo que aprendeu com a mãe no mundo dos negócios.

  Anna decidiu vender a primeira terra adquirida pela família no Brasil, logo na chegada, uma colônia em Forqueta, próxima a Caxias do Sul, e comprar uma área equivalente em Mato Perso, uns 60 quilômetros rumo ao norte. Anos após consolidar a propriedade, por sugestão do padre Odorico, Giuseppe foi trabalhar em uma serraria em Nova Pádua, onde, além de aproveitar o que já sabia de fabricação de carroças e móveis, tornou-se sócio do empreendimento. Ele levou consigo o irmão mais novo, Pedro, para aprender todo o processo de produção industrial. Apesar da pouca idade, Pedro sempre andava junto com seu irmão mais velho, a quem considerava como pai, uma vez que nem sequer chegou a ter lembrança de Bortolo, morto um ano depois que nasceu. Inteligente e bom observador, aproveitou todos os ensinamentos que recebeu. Na madeireira não foi diferente. Pedro, embora adolescente, virou também sócio do negócio, com partes iguais ao irmão.

Após cinco anos de muito trabalho e investimento, o sócio majoritário da serraria fugiu "da noite pro dia", levando todo o dinheiro em caixa. Sobraram para os irmãos algumas ferramentas e uma serra industrial que cortava árvores, presa na estrutura de uma grande roda de madeira movida a água.

A experiência com a madeireira, apesar de desastrosa, iria mudar o rumo dos Bortot. Por esta época, uma linha de trem foi inaugurada entre Caxias do Sul e Porto Alegre para transportar passageiros e produtos de pequenas indústrias, vinho, máquinas e equipamentos, como os da mecânica de Giuseppe Gazola, industrial de Nápoles que acreditava no potencial de consumo para seus produtos de cutelaria. Apesar da solidez da empresa, Giuseppe e Pedro recusaram a oferta de seu vizinho Afonso Menegazzo para trabalhar na indústria Gazola. Recusaram por causa da distância de sua casa até Caxias e por não quererem abandonar o sonho da família de construir um patrimônio na atividade rural, razão da migração ao Brasil. "Se queriam ser operários, os Bortot deveriam ter ficado em Belluno", disse Anna, dando por encerrados o debate e as dúvidas.

Os irmãos voltaram a se dedicar à atividade agrícola, especialmente na produção de suínos. Só que agora iriam criar porcos com novas técnicas para elevar a produção e a rentabilidade. A comercialização atingiu 200 porcos no primeiro ano, um feito importante para a poupança da família.

O minifúndio expulsa os Bortot

A certeza de que as coisas iriam bem dali para a frente levou Giuseppe a pedir a mão de Angela, filha de Sebastião Zanella, em casamento. Os dois já vinham trocando olhares e algumas conversas desde a adolescência, quando os Zanella foram viver em Mato Perso. Sebastião chegou ao Brasil bem mais tarde do que os Bortot, vindo de um feudo antigo de Feltre, cidade colada a Belluno. O último herdeiro do feudo tinha morrido e suas terras e instalações de moradia ficaram em testamento para a Igreja Católica. A maioria dos empregados, como Sebastião, acreditava que no testamento do dono do feudo teriam no mínimo um teto para morar e algum pedaço de terra. Ficou tudo com os padres. Por muitos anos, no Brasil, Zanella contava a história da injustiça que sofreu. O neto dele, Ipenor Zanella, já na década de 1980, foi a Feltre e comprovou os fatos narrados pelo avô.

Os laços de união entre os Zanella e os Bortot seriam fortalecidos ainda mais com o casamento de Francisco e Rosa, ele, irmão de Angela, e ela, irmã de Giuseppe. O plantio e a colheita de cereais e uva passaram a ser feitos em conjunto pelas famílias, o que criou a sensação de que o trabalho ficou mais leve. Mas o casamento de Pedro Bortot com Carmela Dalla Corte, em 1914, iria mexer com a tranquilidade dos Bortot. Ocorreu com os Bortot o mesmo que se verificava em grande escala na região. O minifúndio tornava-se pequeno à medida que a família aumentava. A propriedade não garantiria o sustento dos novos casais e dos filhos que viriam. Esse fato passou a influir no preço da terra. Os vizinhos mais capitalizados pagavam um preço cada vez mais alto por terras que fossem coladas às suas. Com um hectare vendido na Serra Gaúcha era possível comprar três a quatro em nova fronteira agrícola. Diante dessa realidade, Giuseppe e Pedro convenceram a mãe e as irmãs – Luisa, Joana e Rosa – a vender a terra e a casa que tinham em Mato Perso e se mudar para uma promissora fronteira agrícola no norte do Estado, quase divisa com Santa Catarina. Luisa, casada com Eugênio Dariva; Joanna, com Giacomo Gasparetto; e Rosa, com Francisco, já tinham vidas independentes. O único integrante dos Bortot a ficar na Serra Gaúcha foi Antonio, que desejava ficar perto das três filhas casadas e de seu netos.

Capítulo 4

FINALMENTE, TERRAS PLANAS

Da dir para esq.:
Anna Molinet, Pedro,
Severino, Lodovina, Rosa e
Carmela.

As famílias partiram juntas da Serra Gaúcha em 1915, rumo a Lagoa Vermelha, em carroças tracionadas, puxadas cada uma por três pares de mulas e mais uma que ia na frente para ser comandada por rédeas. Levavam o essencial: armários, roupas, louças, talheres, máquinas de costura. A viagem durou uma semana, pois tinham sempre que aproveitar uma boa aguada para matar a sede dos animais, alimentá-los, fazê-los descansar e ali pernoitar. Se uma carroça se atrasava por um motivo qualquer, os outros a esperavam, mas a inconveniência era compensada pela sensação de segurança do grupo.

O sacrifício desse início de êxodo valeu a pena, consideraram os viajantes ao depararem-se com a extensão da propriedade até o horizonte. Era exatamente como esperavam: terras sem morros, que exigiriam menos trabalho para plantio e ofereceriam maior rendimento na colheita. As áreas escolhidas, com campo nativo, floresta tropical e pinheirais, eram muito férteis. Na região viviam, e muito bem, da caça, da colheita de pinhão e do cultivo de mandioca e milho, milhares de índios caingangue (que os brancos chamavam de coroados).

Os Bortot se instalaram em uma região que, mais tarde, se tornaria o Distrito de Paim Filho, município de Lagoa Vermelha, onde também existia o Distrito de Cacique Doble, habitado quase que inteiramente por índios. Francisco Zanella, casado com Rosa, adquiriu uma área contígua, ainda maior. Do outro lado da propriedade ficavam as terras dos Dalla Corte, também originários de

Belluno. Luisa e Dariva foram para Cacique Doble para uma bela propriedade rural com muita terra plana, água para produção de peixes e pastagens para algumas cabeças de gado. Joanna e Giacomo escolheram Maximiliano de Almeida, a cerca de 30 quilômetros de Paim Filho, para ficar próximo à família dele, que foi viver na área urbana. Giacomo tinha uma propriedade rural autossustentável em alimentos, mas o negócio de maior rentabilidade era seu parreiral de uva, de onde extraía vinho e *grappa* para vender em Maximiliano de Almeida. Tanto Luisa como Joanna tinham uma vida de muito trabalho na roça e em casa para criar os filhos bem alimentados e saudáveis nas condições de vida da época.

Em Paim Filho, os primeiros anos foram dedicados pelos irmãos Giuseppe e Pedro à lavoura e à criação de porcos, um trabalho que envolvia todos os filhos, mesmo os mais pequenos. Para cada um sempre havia uma tarefa, de acordo com a sua capacidade física. A produção agrícola era bem maior do que na Serra pela produtividade e dimensão da área cultivada. Na região havia demanda pelos produtos e a preços competitivos, o que contribuiu para a formação de uma reserva de dinheiro já nos primeiros anos. Quando os Bortot chegaram, a população da localidade era de 8 mil habitantes, mais de 60% deles vivendo do que o campo oferecia. No inverno o clima era bem mais ameno do que na Serra Gaúcha, e no verão, agradável, com vento sempre a soprar pelos campos abertos. Havia abundância de água e o Rio Ligeiro – hoje Apuaê –, que corta o município, permitia o deslocamento de pequenas embarcações até o Rio Uruguai. De Marcelino Ramos, que ficava a 90 quilômetros ao norte, se poderia chegar a São Paulo, já o maior centro consumidor do Brasil, pelo ramal ferroviário há pouco inaugurado. Os alimentos e o vinho produzidos encontravam melhores preços no mercado local, e era maior, e mais barata, a oferta de mercadorias vindas de São Paulo.

Por essa época de otimismo com as conquistas econômicas, um telegrama recebido a 17 de novembro de 1916 informava a morte, no dia anterior, na Serra Gaúcha, de Antonio, irmão de Bortolo e que com ele viajou desde Belluno, em 1883. Agora os irmãos Giuseppe e Pedro e seus filhos seriam os únicos a preservar o sobrenome dos Bortot que chegaram ao Brasil numa sexta-feira de chuva em 1883.

Um pé na agricultura, outro na indústria

Giuseppe e Pedro perceberam a oportunidade de manter um pé na agricultura e outro na indústria, por mais rudimentar que esta fosse, mas de onde estavam convencidos que viria a maior parte do dinheiro necessário para honrar as dívidas e compensar os sacrifícios da família na Serra. Giuseppe juntou os recursos – a venda das terras na Serra permitiu comprar as de Paim Filho e sobrar alguma coisa – e adquiriu equipamentos para uma serraria em sociedade com os Favetti, outra família de *oriundi*. O negócio prosperou, pois as tábuas de pinheiro tinham como mercado a construção civil de São Paulo. A madeira ia de carroças a Marcelino Ramos e, depois, em vagões de trem para a capital paulista. O aumento no fluxo de mercadorias levou Francisco Zanella a investir no setor de transporte. A primeira medida foi tomar todas as providências legais para viabilizar a empresa. Uma delas era obter o documento de habilitação de transportador. A carteira de habilitação de número 156 concedida pelas autoridades de Paim Filho, guardada até hoje pelo seu neto Francisco, o credenciava a conduzir um carroção puxado por mulas. Uma pessoa poderia colocar em risco as mercadorias que transportava se não tivesse habilidade para lidar com os animais. A empresa de Francisco prosperou e a transportadora com mulas gerou mais dois empregos, para o sobrinho Domingos e o futuro genro Luiz Chioquetta, que casaria mais tarde com sua filha Romilda.

O transporte de vinho, banha, salame e madeira entre Paim Filho e Marcelino Ramos levava entre três a quatro dias. No retorno, a carroça trazia, vindos de São Paulo, tecidos, café, sal, açúcar, bolachas e outros alimentos. A alimentação da família vinha da produção que faziam no campo e o lucro da serraria estava sendo aplicado no próprio negócio, com a compra de mais pinheiros e equipamentos. A maior parte dos filhos já preferia trabalhar na serraria à rotina pesada de capinar com enxada e lavrar a terra atrás de uma canga de bois. O trabalho todo sempre foi executado pela própria família e com a ajuda dos vizinhos em sistema de mutirão. Às vezes era feita uma "empreita" com um caboclo da região para derrubar o mato fechado. Era mão de obra considerada especializada por exigir perfeito manejo do machado e da foice e porte físico avantajado.

Os filhos para Porto Alegre

Com parte dos recursos que entravam regularmente no seu bolso, Giuseppe teve uma ideia ousada para a maioria das famílias da região ao mandar seu filho Heleodoro estudar em Porto Alegre e preparar-se para ingressar na recém-criada Universidade Federal do Rio Grande do Sul. Decisão idêntica tomou o cunhado Zanella ao perceber em seu filho Olivo a mesma facilidade que tinha Heleodoro com os estudos. Os jovens foram morar na capital em uma pensão da Cidade Baixa, próxima à Travessa dos Venezianos. O pensionato oferecia um quarto com duas camas, três refeições diárias e roupa lavada. No mesmo ano ambos estavam no Colégio Júlio de Castilhos, um prédio de três andares na Avenida João Pessoa, muito próximo de onde moravam. Faziam o percurso a pé. Dinheiro nunca faltou para os anos de estudos de Heleodoro. Seu pai tinha consciência da importância de descendentes de imigrantes de primeira geração terem um filho doutor num pequeno município de população trabalhadora e empreendedora, mas totalmente iletrada. O diploma projetaria, como de fato aconteceu, o prestígio dos Bortot por toda Lagoa Vermelha. A partir daí, Giuseppe seria mais conhecido, admirado e respeitado. A popularidade contribuiria também para aumentar os negócios da família. A boa imagem, porém, não seria suficiente para alimentar pretensões políticas, pois imigrantes ainda eram considerados cidadãos de segunda classe. A discriminação se espalhava por todo o Estado e alcançava o Brasil inteiro. Ao contrário do tio, que permaneceu em Belluno e se tornou um prócer socialista no Vêneto, Giuseppe não participou da política partidária no Rio Grande do Sul.

———•◆•———

Positivismo e duas guerras civis

O Estado viveu em armas durante grande parte da última década do século XIX e das três seguintes no século XX. De 1891 a 1928, com breves intervalos, Júlio Prates de Castilhos e Antônio Augusto Borges de Medeiros governaram com severidade e pouco respeito pelos adversários, sob a égide de uma Constituição que Castilhos escreveu pessoalmente. Esta permitia a reeleição, dava ao então chamado presidente da província o poder de fixar seu próprio orçamento e suspeitava-se de fraude eleitoral na obtenção da maioria situacionista na Assembleia, mantida durante mais de 30 anos, pois o voto não era secreto. Governo e oposição tinham raízes agrárias, mas dividiam-se especialmente por terem posições divergentes sobre a democracia representativa. Júlio de Castilhos inspirava-se no positivismo do francês Auguste Comte, que encontrou no Rio Grande do Sul o único lugar do mundo onde os seguidores chegaram oficialmente (e pelo voto) ao poder. O positivismo não era propriamente uma ideologia, mas uma doutrina adotada pelo castilhismo como dogma. Resquícios do que foi chamado de "ditadura republicana" sobreviveram a Borges de Medeiros, fiel seguidor de Castilhos, e influenciaram grandemente os 15 anos da primeira presidência de Getúlio Vargas, fazendo-se também presentes nos 21 anos da ditadura militar. Militares brasileiros, aliás, são influenciados pelo positivismo desde o século XIX até o início deste século XXI. O governo de Castilhos foi breve. Seu mandato, iniciado em 1893, teve a duração constitucional de cinco anos, mas nesse período enfrentou e derrotou a sangrenta rebelião federalista chefiada por Gaspar Silveira Martins e Gumercindo Saraiva, que reunia inimigos da nova Constituição e liberais saudosos do parlamentarismo da monarquia. Castilhos morreu jovem, aos 43 anos, com câncer na garganta. A partir de 1898 iniciou-se a era Borges de Medeiros, que só iria acabar em 1928, depois de quatro reeleições. Borges morreria em 1961. Em 1923 houve nova revolução, desta vez liderada por Joaquim Francisco de Assis Brasil. A guerra entre chimangos (governistas) e maragatos (assisistas) foi ainda mais violenta que a de 1893, envolveu todo o Estado e chegou à divisa com Santa Catarina. Giuseppe e Pedro, embora tivessem pensado em aderir à revolução, cederam aos argumentos da mãe de que, se ocorresse alguma desgraça, não haveria ninguém para preservar a continuidade da família. Os dois levaram ainda em consideração a visão pacifista que o avô, pai de Bortolo, passou a adotar na segunda metade de sua vida. Mães, esposas e filhas de guerreiros, nos dois lados em disputa, tinham razão de associar guerra civil com ameaça de desgraça familiar. Nas revoluções gaúchas morria-se no campo de batalha – em 1894, na Batalha de Pulador, distrito de Passo Fundo, decisiva para a vitória final governista, houve de 800 a 1.000 mortos em um só dia. E também após a batalha, pois a degola costumava resolver o problema de guardar e alimentar prisioneiros. Os Bortot decidiram manter-se longe da briga. Mas a briga foi até eles.

A Revolução na porteira

No início de outubro de 1923, Giuseppe, da varanda de casa, notou a formação de uma nuvem de poeira que ganhava as alturas e, embaixo dela, centenas de homens marchando a cavalo rumo à porteira de sua propriedade. Homens de lenço vermelho no pescoço, mãos ocupadas por espingardas de cano grosso e revólver na cintura estavam ali para saber da preferência política dos moradores. A depender das respostas, estes poderiam fazer parte das forças do "general" Assis Brasil ou ser tratados como inimigos de guerra. Neste último caso, o provável era a perda de todos os animais, ter os demais bens confiscados e, se resistissem, pagar com a própria vida. Veio à cabeça de Giuseppe a lembrança da situação semelhante que, ainda menino, vivera em 1893, quando as tropas do general Gumercindo Saraiva acamparam nas terras de seu pai na Serra Gaúcha e consumiram todos os alimentos de que dispunham. De repente, do meio da tropa ouviu uma voz conhecida: "Bortot!" Era Afonso Menegazzo, de Farroupilha. "Amigo Giuseppe, não imaginava que você estaria vivendo por essas bandas." A alegria de Giuseppe foi dupla. Encontrou um grande amigo que não via há anos e, pragmático, vislumbrou de imediato a possibilidade de minimizar as perdas que já contabilizava naquela situação. "Eu nem posso imaginar o que ocorreu com sua vida desde a última vez que nos vimos em Farroupilha. Mas seja muito bem-vindo em minha casa", disse Giuseppe. Menegazzo deu ordem para a tropa desmontar e anunciou que estavam em casa de amigo. Poderiam dar água aos cavalos e colocá-los nos pastos para repor as energias gastas em longa cavalgada. O recém-chegado era o chefe do batalhão de insurgentes. Antes de dar continuidade à conversa, Giuseppe pediu a Pedro que providenciasse uma novilha e um porco para serem carneados e servidos à tropa. Panelas de feijão, arroz e mandioca foram acompanhamento do churrasco. Em antecipação ao previsto pedido de Menegazzo para que os irmãos Bortot integrassem as forças revolucionárias, Giuseppe indagou o que poderia fazer para ajudar a causa e acrescentou que, por razões familiares, não teriam como segui-los naquela luta considerada mais do que justa. A conversa sobre o desconfortável assunto morreu ali. Os maragatos, além de bem alimentados, saíram dos Bortot com muitos cavalos para montaria e uma carroça carregada de alimentos. Enquanto desfrutava, antes disso, o sabor de uma costela gorda assada ao ponto, Afonso Menegazzo confidenciou que a luta contra a Brigada Militar de Borges de Medeiros, reforçada pelo exército nacional, era desigual e difícil de ser vencida. Menegazzo também se referiu aos aliados civis de Borges de Medeiros, ainda mais cruéis que as tropas regulares, dadas as atrocidades cometidas contra as famílias dos rebelados. Menegazzo temia pelo que poderia acontecer com sua família, até mesmo depois de terminada a guerra.

"Ponham os penicos na cabeça"

Dois anos depois do acordo de Pedras Altas entre Assis Brasil e Borges de Medeiros, que deu fim à revolução e obteve do governador o compromisso (cumprido) de deixar definitivamente o poder assim que seu mandato terminasse, a família de Afonso Menegazzo – ele, a mulher, Irma, e os oito filhos, entre 2 e 14 anos – estava reunida para o café da manhã de um sábado de Aleluia em sua casa em Maximiliano de Almeida. Vindos de fora da casa ouviram gritos: "Vamos matar a raposa velha e todos os filhotes". Menegazzo olhou pela janela e entendeu o que estava para acontecer. Três homens a cavalo, armados de revólveres, espingardas e também de espadas (de uso comum em combates da época) acabavam de sair do terreno baldio em frente da casa e começavam a atirar contra ela. Afonso mandou fechar todas as janelas e portas e correu para o depósito onde guardava armas e munição, sobras das batalhas da Revolução de 23. No caminho gritou: "Irma, tu e as crianças empurrem os guarda-roupas, mesas e cadeiras contra as janelas e portas. Não quero ninguém de pé, todos deitados no chão. E ponham os penicos na cabeça". Havia muitos penicos naquela casa, para uso e em estoque. Foram as únicas mercadorias que restaram da loja de secos e molhados que faliu cinco anos antes. A culpa pelo insucesso do negócio, para Menegazzo, foi da política econômica de Borges de Medeiros, que deu incentivo fiscal aos frigoríficos americanos instalados no Rio Grande do Sul para produzir embutidos de carne bovina, que passaram a ter a preferência do consumidor. O mercado da carne de porco e da banha foi encolhendo. O principal negócio de Menegazzo era um frigorífico, onde comprava os porcos a prazo para pagar com a venda da carne e da banha. A redução da atividade econômica do Estado, com a consequente queda do consumo e dos preços, especialmente da banha, que tinha em grande estoque, inviabilizou totalmente a sobrevivência do frigorífico e da loja. Os credores, colonos da região, ao constatarem as dificuldades de Menegazzo para pagar as dívidas, vinham à loja com todos os membros da família e levavam tudo que podiam. Primeiro, foi o estoque de carne de porco cozida em lata de banha, depois a banha e as demais mercadorias: mantas de tecidos de linho para o terno do homens, de seda para vestidos femininos, sapatos e as poucas máquinas de costura. Só sobraram os penicos de aço revestidos de cromo para resistir à acidez da urina.

O acordo de Pedras Altas, em tese, estava sendo respeitado, mas circulavam boatos entre os assisistas de que os governistas pretendiam eliminar lideranças adversárias para enfraquecer sua participação nas eleições a se realizarem dentro de dois anos. Alguns dos líderes da oposição tinham sido suspeitosamente mortos em brigas de bar, disputas em cancha reta de corridas de cavalo ou rinha de galo e até em casas de tolerância. O homem preto que parecia liderar o ataque à casa de Menegazzo era o mesmo, com uma grande cicatriz no lado esquerdo do rosto, descrito como executor da maioria dessas mortes. Tinha a fama de, quando usava arma de fogo para matar um maragato, acabar o serviço cortando-lhe pescoço com uma espécie de espada. Atrás do fogão onde a munição tinha sido colocada, Irma repassava as armas, já carregadas, para Afonso. As balas dos atacantes abriam frestas nas paredes de madeira da casa. Pelos mesmos orifícios Menegazzo respondia, mas atirava sem certeza de acertar. Não conseguia ver os alvos e muito menos fazer a mira. Depois de meia hora de tiroteio, notou que a fechadura da porta tinha uma abertura para permitir a entrada de uma chave grossa – uns 2 centímetros de largura por 4 de altura – bem maior do que os buracos perfurados pelas balas. Viu que ali podia apoiar a arma e fixar a mira.

Menegazzo colocou o cano da Winchester no buraco da chave e disparou em direção ao peito do homem da cicatriz no lado esquerdo do rosto, que, com o impacto, caiu do cavalo. Menegazzo abriu a porta e atirou nos dois outros atacantes, que, desprevenidos, olhavam o companheiro caído. Feridos, foram poupados com vida. Irma pediu para as crianças se levantarem, pois já não havia perigo. Apenas João, o de dois anos, continuava imóvel. Quando Irma o colocou no colo viu que estava desacordado, mas respirava. O penico que protegia a cabeça de João caiu e todos viram que tinha um amassado por ricochete de bala. O delegado de polícia de Maximiliano de Almeida, da confiança dos chimangos, como todos os delegados num governo chimango, chegou ao local meia hora depois que quase toda a população de Maximiliano de Almeida já estava ali, curiosa, em volta do morto e dos dois capangas feridos. Estes foram levados ao único médico da cidade. Um deles foi atingido no lado esquerdo do peito e sangrava muito. A bala provocou um grande buraco na entrada, mas estava palpável nas costas. O médico a retirou com um pequeno corte. O segundo ferido foi atingido na altura do ombro direito e não corria risco de morte. Ambos foram enviados para a delegacia e ficaram detidos. O delegado mandou chamar Menegazzo para prestar depoimento. Ele foi à delegacia, mas não foi só. Vizinhos e companheiros da revolução o acompanharam. Disse que não tinha inimigos e que todos os credores de sua falência tinham sido pagos. Mais: grande parte deles aderiu a seu comando no movimento revolucionário, que chegou a contar com mais de 200 voluntários só na região de Paim Filho e Maximiliano de Almeida. O chefe caingangue de Cacique Doble o procurou com o oferecimento de 70 homens para lutar a seu lado. Os índios, em contrapartida, pediam respeito ao direito de permanecer nas áreas que historicamente ocupavam e que estavam ameaçadas por agricultores protegidos pelos governistas. Menegazzo concordou, mas disse que o acordo, para ter eficácia, precisava ser feito com seu comandante, o general Felipe Portinho, chefe do movimento no Nordeste gaúcho. O acordo aconteceu.

"Como o senhor explica essa violência?"

Delegado – O senhor conhecia esses homens? Tinha alguma rixa com algum deles. Como o senhor explica essa violência?

Menegazzo – Senhor delegado, eu fui a vítima, me defendi, foi legítima defesa. Não conheço nenhum desses homens, mas se alguém precisa dar explicação são esses dois que estão vivos em seu poder.

Delegado – O senhor ficou com algum desafeto por conta da falência da sua empresa ou da política?

Menegazzo – Paguei todas as minhas dívidas com os fornecedores. Muitos deles me acompanharam nas batalhas revolucionárias. Agora, inimizade na política não sei, mas é possível que tenha ficado. Acho que o senhor deveria se informar o que andam dizendo há muito tempo por estes rincões afora de que o governo de Borges de Medeiros estaria por trás de mortes, por acaso, de muitos dos líderes locais do movimento revolucionário. Como o senhor faz parte desse sistema de governo não terá dificuldades em esclarecer. Agora, estou à disposição da Justiça pela morte desse homem, que está claro que foi à minha casa a mando de alguém, e dos feridos. Agora, o que estranho é que mesmo depois de meia hora de tiroteio não apareceu nenhuma autoridade para ver o que estava acontecendo. Se não fosse por mim, toda a minha família seria assassinada.

Enquanto prosseguia o interrogatório, o único advogado da cidade, correligionário de Menegazzo, seguia para Marcelino Ramos em busca de um mandado de segurança, que foi concedido pelo único juiz da região. Menegazzo ficou detido uma noite na delegacia e todas as suas armas foram recolhidas. Irma e os filhos foram dormir na casa dos Gasparetto, com receio de que mais jagunços aparecessem para completar o serviço encomendado. O processo de apuração do acontecido levou anos. E foi encerrado sem ficar explícito o mandante, mas restou como líquido e certo que o homem da cicatriz no rosto era um peão de fazenda usado pelo comando da Brigada Militar para fazer serviços variados que não ficariam bem para um homem respeitável. O acontecimento foi amplamente noticiado (pelos governistas) nas diversas cidades onde ocorreram manifestações contra o governo. Funcionava como um aviso a quem ousasse se indispor com o *establishment*. Giuseppe fez uma visita de solidariedade a Afonso Menegazzo meses depois. Os dois só voltariam a se encontrar duas décadas mais tarde, quando Menegazzo conduziria sua filha Mari ao altar para se unir com Domingos, o terceiro filho de Giuseppe.

Afonso Menegazzo
com seus companheiros
na Revolução de 1923.

Em Pato Branco, em 1935, a família de Pedro Bortot.

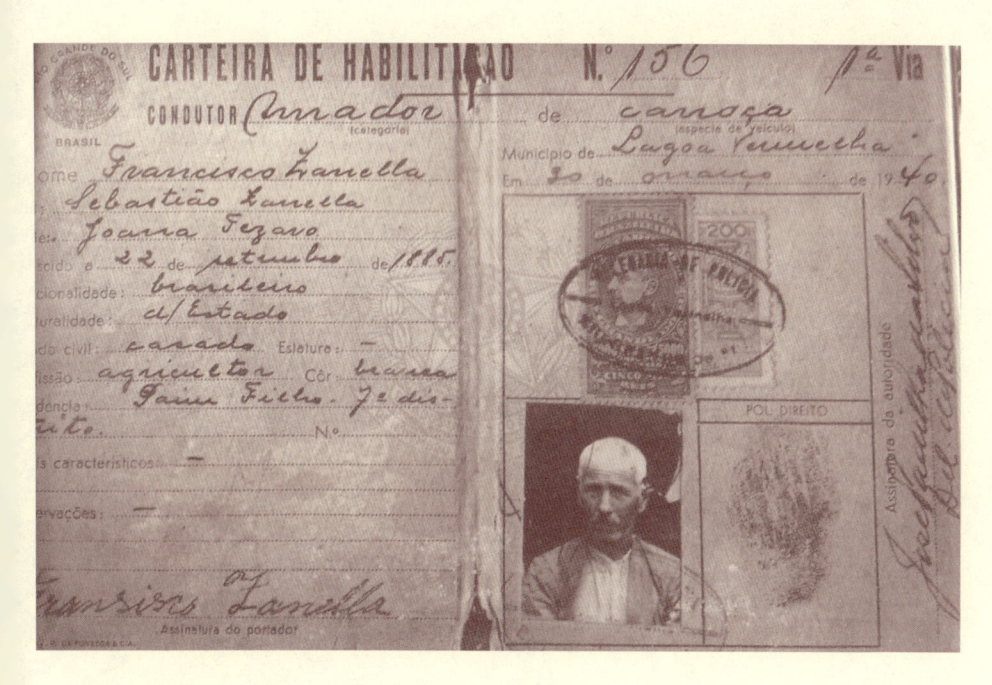

Francisco Zanella tinha
carteira de habilitação
para dirigir carroças em
Lagoa Vermelha.

Os estudantes em Porto Alegre: Olivo Zanella, Heleodoro Bortot e Iris Caldart.

Capítulo
5

"A DETERMINAÇÃO DE IR ADIANTE"

Na sua velhice, em Paim Filho, com dificuldades de locomoção devido a uma artrose e constantes dores no estômago, Anna Molinet passava a maior parte do tempo na cama. Seus filhos vinham lhe contar as novidades e pedir conselhos sobre negócios e até mesmo sobre política. Com a autoridade de quem assumiu o comando da família quando Bortolo morreu e o filho mais velho, Giuseppe, tinha apenas 10 anos, Anna possuía, na idade madura, experiência e conhecimento de vida para continuar a influência no destino de todos, incluindo os netos. Diante das escolhas que tinham que fazer, Anna analisava cenários sobre o possível resultado do que poderia dar certo ou errado, sempre baseada no retrospecto da família no Brasil. Costumava dizer que, mesmo diante de uma decisão menos favorável, se quem a tomou tivesse convicções interiores, iria dar certo. "O sucesso de cada um", dizia, "está na determinação de ir adiante". Aos filhos, Anna recomendava que se mantivessem distantes de brigas por questões políticas. Considerava que as desavenças entre vizinhos eram como ferida aberta, que cura com o tempo, mas a cicatriz não desaparece. Dizia que "nunca se sabe realmente quem tem razão e a verdadeira origem da briga não será revelada tão cedo". Algumas das motivações nas disputas de poder eram iguais às de que sua família conseguira escapar em Belluno, e que pareciam ter migrado junto com ela para o Brasil. Aqui também as pessoas se enfrentavam por causa de um mau governo, que dava as costas para expressiva parcela da população, em especial os imigrantes e os pequenos e médios agricultores. Enfim, a postura de Anna era a mesma do sogro, Giuseppe, há quase meio século. Cautela, caldo de galinha...

Pedro, o gosto pelo comércio

Os Bortot formavam uma bela família educada nos valores cristãos, com ótimo relacionamento entre eles próprios e sem problemas com a comunidade. Os bens acumulados tinham relação com trabalho dedicado, honesto e competente. Os irmãos eram hábeis nas vendas e na aplicação dos lucros em cooperativas de crédito, que davam um retorno financeiro maior do que os bancos. A comercialização do milho, do trigo e do salame produzidos era realizada com um atacadista da cidade de Marcelino Ramos, ponto estratégico de onde o trem levava e trazia alimentos de várias regiões do Rio Grande do Sul e demais bens consumidos ou produzidos em São Paulo. Os resultados dos negócios levaram Pedro a deixar com o irmão a atividade agrícola e se dedicar a um estabelecimento comercial na sede do Distrito de Paim Filho com produtos variados, de pastos para alimentar os animais de carroceiros, charque, tecidos, utensílios domésticos e alimentos processados vindos de São Paulo, como café, sal, açúcar e bolachas. Os anos que se seguiram à revolução terminada em 1925 foram de relativa retomada da atividade econômica no Estado. Os Bortot conseguiram bons resultados na agricultura e na pecuária em função das boas condições climáticas, preços melhores e demanda de alimentos maior do que a oferta. A facilidade de Pedro com a matemática e o entendimento da dinâmica da oferta e do consumo foram fundamentais para os ganhos obtidos em seu estabelecimento comercial. No final de 1927, com filhos já em idade adulta, Pedro começou a examinar oportunidades de negócios em novas regiões do Brasil que estavam sendo ocupadas pelos gaúchos. Estes começavam a sair de seu Estado, onde já se mostrava esgotado o modelo minifundiário implantado na chegada dos primeiros imigrantes. As famílias agora tinham muitos filhos, precisavam mais terras, mas estas há séculos estavam destinadas aos grandes pecuaristas, grileiros e especuladores. O governador, embora letrado e administrador dedicado ao rigor fiscal, pouco se entusiasmava com outras atividades produtivas. Na vida privada, a iniciativa empreendedora mais ousada de Borges de Medeiros foi a atividade pecuária nos campos de Cachoeira do Sul. Um dos fornecedores da casa comercial e de pasto que Pedro tinha em Bragatinga, uma localidade rural de Paim Filho, que representava a indústria Matarazzo na região, contou que muitos filhos de imigrantes estavam levando a família para a nova fronteira agrícola do sudoeste do Paraná: "Região com muita madeira, terras férteis a preços acessíveis".

Os Bortot em novo deslocamento

Pedro foi ao quarto da mãe para compartilhar a ideia de seu projeto. Anna falou sobre a oportunidade dessas novas terras para o futuro de seus filhos, mas também sobre as dificuldades que teria que enfrentar. A sua experiência de trocar Belluno pela Serra Gaúcha implicou perdas de costumes, de amigos, parentes, beleza do lugar, algumas conquistas civilizatórias e preço alto de começar tudo novamente. No Nordeste do Rio Grande do Sul, a família agora estava bem em todos os sentidos, mas Anna via nas palavras do filho a esperança de uma oportunidade maior para as futuras gerações. "Se esta vontade está bem sustentada na tua alma, tu vais superar as dificuldades, que, com certeza, vão aparecer. Conversa com teu irmão para ver o que ele acha." As dificuldades seriam grandes, mas Pedro lembrava do padre que falava da perseverança de São Pedro para construir os pilares da Santa Igreja. Apesar das dúvidas, Anna guardava um sentimento de dever cumprido ao ver, já próxima da terceira idade, um número grande de netos inteligentes, bonitos e saudáveis. Isso fora conquistado entre as montanhas da Serra Gaúcha e as terras planas à margem de afluentes do Rio Uruguai.

Busca de nova fronteira

Por dias a fio, Pedro ficou pensando no que fazer. Procurou Giuseppe. Este também tinha dúvidas sobre as oportunidades que se abriam e os riscos a que estaria submetendo a família em uma região tão distante de tudo. Mas as terras no Rio Grande do Sul tinham se valorizado muito e no sudoeste do Paraná estavam baratas. Sobre elas, havia uma imensa riqueza: as florestas de araucárias. Haveria, ainda, o horizonte de outras atividades produtivas, que os irmãos não imaginavam quais fossem, mas certamente existiriam. Para livrar-se daquele turbilhão de incertezas, Pedro decidiu seguir a sugestão do irmão e concordou em irem os dois ver com os próprios olhos se o anunciado eldorado existia. Com um empregado de Pedro, percorreram mais de 380 quilômetros rumo ao norte, andando em parte pelos caminhos que os tropeiros usavam um século antes para levar charque das Missões aos centros de consumo de Sorocaba. Em Santa Catarina teriam que desviar para o oeste e daí novamente para o norte, num trajeto de pouco mais de 50 quilômetros da catarinense Abelardo Luz à paranaense Vila Nova, e atravessar o mato cerrado, onde encontrar índios hostis ou foragidos da Justiça fazia parte dos riscos. Para uma viagem com tamanhos desafios, os dois planejaram em detalhes todas as etapas do percurso e a logística de suprimento de alimentos e utensílios que deveriam levar. Em lugar de uma carroça para transportar tudo que iriam precisar, optaram por duas mulas por não saberem direito as condições das estradas e picadas a percorrer. O primeiro animal carregaria salame, arroz, queijo, charque, farinha de milho, sal, açúcar, café e erva-mate para uma viagem estimada de dez dias. O segundo, transportaria uma muda de roupa limpa de cada um, cobertas, pelegos, espingardas e munição, chaleira, duas panelas e utensílios de reposição para os animais, como ferradura, alicates, pregos, remédios para os bichos e para eles próprios, lampião e querosene. A pequena caravana incluía, ainda, seis cavalos a serem revezados todos os dias pelos integrantes da comitiva a fim de não "judiar muito o lombo do animal".

———•◆•———

O traiçoeiro Rio Uruguai

Os quatro primeiros dias de viagem em território gaúcho até chegar ao Rio Uruguai foram vencidos com algum conforto e rapidez. Conseguiram até estocar suprimentos, pois sempre passavam por alguma bodega de beira de estrada razoavelmente sortida. Do alto das barrancas, a visão das águas caudalosas do Uruguai era deslumbrante. Tanta beleza não impediu a preocupação com a travessia daquela largura de mais de mil metros de água que se movimentava em ondas e, às vezes, em redemoinhos, rumo ao sul com determinação. Pedro e Giuseppe nunca tinham visto um rio tão largo, profundo, com uma massa de água incontrolável. O instinto de sobrevivência tomou conta dos animais, que resistiam a embarcar em uma balsa de uns 40 metros quadrados, minúscula na imensidão do cenário. Com uma alavanca, o barqueiro e três auxiliares moviam a embarcação, que corria ligada a um cabo de aço estendido de um lado a outro do rio. Se o cabo rompesse seriam todos engolidos pela correnteza. O pânico dos animais era visível nos seus olhos parados e vidrados. Se algum deles caísse na água seria seu fim. Os homens, tomados de uma tensão igual ou ainda maior, disfarçavam o medo com comentários quase monossilábicos sobre os peixes que o rio deveria abrigar ou sobre as aves que sobrevoavam a balsa. Nenhuma palavra sobre o ranger do assoalho da embarcação, que se contorcia com o peso que carregava sobre as águas onduladas. Os breves momentos de alívio, ao pisar em terra do outro lado do rio, foram imediatamente seguidos por novas preocupações que os acompanhariam pelo restante da viagem. "Que Deus proteja *vosmicês* por esses matos que vão andar. Espero ver *vosmicês* de volta ao Rio Grande", disse o barqueiro, caboclo daquela encosta do Uruguai, colecionador de trágicos relatos sobre passageiros de sua balsa que se aventuravam pelas matas de Santa Catarina e do Paraná e dos quais nunca mais tinha-se notícias. Histórias sobre pessoas tragadas pelas águas, durante tentativas de cruzar o rio antes da instalação da balsa, também eram muito conhecidas.

Do outro lado do rio, os apreensivos Giuseppe e Pedro depararam com uma floresta fechada de árvores imensas que, em pleno dia, tornavam escuro o simulacro de estrada que serpenteava a montanha. Como chovera, os viajantes tiveram que apear dos cavalos – agora inquietos com os estridentes gritos de bugios – para não correr o risco de rolar do penhasco. O grupo levou meio dia para costear o morro. A estrada ficava cada vez mais estreita. Em meia dúzia de vezes cruzaram com pessoas que viajavam em sentido contrário. Em outra ocasião foram alertados por transportadores de erva-mate sobre riscos de serem assaltados. Os assaltos não aconteceram e o resto do roteiro foi cumprido sem grandes imprevistos, a não ser o fato de errarem, na altura de Xanxerê, o caminho de acesso a Clevelândia, o que representou meio dia a mais de viagem. As refeições do amanhecer, almoço e jantar foram sempre feitas com os suprimentos que levavam, a não ser a caça de algum pássaro ou animal de pequeno porte que cruzou o caminho até Vila Nova.

―――― • ◆ • ――――

A enchente impediu

Os irmãos tinham planejado prosseguir ao norte até Guarapuava, município progressista com projeto de implantação de um ramal ferroviário para se integrar aos centros consumidores e ainda possuidor de grandes áreas de terras desocupadas entre campos nativos e matas virgens. As fortes chuvas que ocorreram no mês de março de 1928 impediram os Bortot de cruzar o Rio Chopim. As pessoas poderiam fazer a travessia de barco, mas o risco de perda dos animais e dos suprimentos era muito grande. O caboclo contratado em Vila Nova para conduzi-los pelas picadas da região alertou que a dificuldade maior estaria mais adiante, quando teriam que cruzar o Rio Iguaçu, quatro vezes mais largo e volumoso que o Chopim. Depois de três dias de espera acampados, decidiram voltar ao povoado de Vila Nova, futuro Pato Branco.

Não havia dinheiro. Só escambo

Ao povoado, com menos de 90 moradores, faltava todo o tipo de conforto a um viajante, e mesmo a seus habitantes, mas respirava uma atmosfera de agitação positiva, com forasteiros envolvidos na construção de casas, compra e venda de gado, movimentação de carroças e condução de algumas tropas de porcos. A maioria dos negócios não envolvia dinheiro. Por escassez de moeda e mesmo por desconhecimento do poder efetivo do dinheiro, a maioria dos negócios se fazia por escambo: a troca de um produto pelo outro em proporções devidamente combinadas entre as partes. Um porco vivo trocava-se por dez cestos de milho. Um saco de feijão tinha valor equivalente a três latas de banha. Ovos, galinhas, milho verde, mandioca e batata-doce eram produtos de menor valor que seguiam os mesmos critérios.

O que ninguém negociava era pinhão, alimento que cobria pátios de casas e ruas na época de produção (outono e inverno). O dinheiro mesmo circulava em algumas bodegas para comprar cachaça, fumo de corda e munição.

O grupo de visitantes se instalou no galpão de um gaúcho, onde passaram a fazer suas refeições durante as duas semanas que levaram para um levantamento das atividades desenvolvidas pelos moradores locais e visitar as áreas rurais onde viviam caboclos e pequenos agricultores, também gaúchos. Quanto mais se adentrava pelo interior de Vila Nova, mais fechada era a mata de pinheiros, um empecilho para os agricultores que desejavam cultivar milho, feijão e trigo. A atividade desenvolvida pelos caboclos na criação de algum porco ou em pequenas roças de mandioca e feijão mal dava para alimentar suas famílias. Não sobrava quase nada para vender no comércio, a não ser algumas peles de veado, jaguatirica e anta que caçavam.

20 alqueires
Por um cavalo encilhado

A maioria das pessoas que viviam naquelas matas, gaúchos ou caboclos, era de posseiros, pois o processo de concessão de títulos de propriedade dependia dos agrimensores do governo do Paraná. A posse de uma área de 20 a 30 alqueires valia muito pouco. Muitas vezes o posseiro as vendia em troca de um cavalo encilhado, uma junta de bois, uma espingarda ou um revólver. Pedro gostou do que viu e percebeu que a migração de gaúchos e catarinenses para a região de Vila Nova iria crescer e criar condições para ali instalar um estabelecimento comercial até maior do que tinha em Paim Filho. A loja atenderia à população moradora de Vila Nova e forneceria alguns produtos às localidades vizinhas de Clevelândia e Palmas, onde também previa grande progresso na ocupação dos campos e exploração apenas da pecuária. A aquisição e a venda de mercadorias seriam feitas por intermédio de atacadistas de União da Vitória, onde a ferrovia – a mesma que passava por Marcelino Ramos – permitia ligação com o sul do país e com o grande mercado industrial de São Paulo. A ferrovia seria usada para a comercialização da madeira, a partir da serraria que também instalaria na cidade. Por último, Vila Nova ganharia um moinho de milho para a produção de farinha, que garantiria aos atuais e futuros imigrantes de origem italiana um prato de comida muito consumido e apreciado, a polenta. As populações de Clevelândia e Palmas, que, juntas, já passavam de 6 mil pessoas, tinham se consolidado há quase um século na criação de gado. Os fazendeiros e peões, entretanto, não estavam acostumados com o trabalho pesado da agricultura, pois, como os gaúchos da fronteira com Uruguai e Argentina nessa época, a consideravam uma atividade menor. Assim dependiam de alimentos básicos como feijão, arroz, farinha de milho e de trigo produzidos em outros municípios. Mesmo com imensas florestas de araucária, não exploravam a madeira.

Vila Nova extraía a madeira, mas suas melhores casas eram construídas de tábuas lascadas ou serradas a mão. A serraria de Pedro daria uniformidade à largura e ao comprimento das tábuas, o que resultaria em casas de aspecto menos grosseiro e melhores na estética e na segurança.

Revolucionários entre os fundadores

A mediocridade da vida dos originais moradores de Vila Nova, com escassez de utensílios domésticos e alimentos modernos para a época e também de papel moeda, estava relacionada com seus primeiros povoadores, 50 anos antes. Os ocupantes desse território eram ex-soldados das tropas de Gumercindo Saraiva, um rico estancieiro e ex-chefe de polícia em Santa Vitória do Palmar, no Rio Grande do Sul, que se tornou revolucionário maragato e andou com sua tropa pelo Paraná na tentativa de derrubar o governo republicano de Deodoro da Fonseca. Apesar de contar com 4 mil homens sob seu comando, quando chegou a tomar Curitiba, teve de recuar para o sul depois de perder, em 1894, a Batalha de Lapa, perto da capital paranaense. Parte de seus soldados decidiu se esconder no sudoeste do Paraná e outra migrou para a Argentina sob o comando de Juca Tigre. Os que ficaram em Vila Nova mais tarde se uniram a ex-combatentes da chamada Guerra do Contestado, que, entre 1912 e 1916, envolveu em conflito armado posseiros e tropas estaduais e federais na divisa de Santa Catarina com o Paraná. Remanescentes desses grupos, mais caboclos e alguns índios, constituíram a população fundadora de Vila Nova, gente simples e pobre que se alimentava com o que a natureza oferecia quase que gratuitamente. Trabalhavam na lavoura em áreas desmatadas e queimadas, o que, pela escassa fertilidade do solo, apenas suportava duas ou três colheitas de milho, feijão e mandioca. Embora não houvesse títulos de propriedade, o direito de posse, nessa época, sempre foi respeitado no fio do bigode como garantia das lavouras.

Uma casa de caboclo

A visita dos Bortot a uma família típica de caboclos, pelas bandas do Rio Vitorino, ajudou-os a entender que, apesar da grande riqueza de terras e de madeira, as pessoas viviam miseravelmente, mas não apresentavam sinais de subnutrição. O caboclo, casado com uma índia caingangue de Mangueirinha, tinha alguns porcos que se alimentavam da semente de pinhão, na época da safra, e de guavirova, ou gabiroba, pequena fruta amarela abundante na região. Do porco tiravam o couro, mais a banha e a carne, estas para ajudar na mistura com outros alimentos. O peixe de rio e a caça de veado, entre outros animais silvestres, complementavam a refeição, quando pescados ou caçados. O que sobrava de tudo que produziam era muito pouco para troca no comércio por sal, querosene e fósforo, itens obrigatórios em qualquer moradia. A casa do caboclo era de tábuas lascadas de pinheiro cobertas por folhas de palmeira. Internamente, só tinha o chão de terra batida, onde fazia fogo, comia e dormia. As visitas ficavam mais confortáveis no lado de fora da casa, com exceção dos dias muito frios do inverno. O cheiro de banha queimada e fuligem de madeira ficava impregnado nas paredes. Nesse ambiente desconfortável, os caboclos gostavam de receber e conversar com visitas, enquanto tomavam chimarrão, segundo constataram os Bortot.

O fazendeiro que matava os peões

No sudoeste, fora a exploração de erva-mate pelos argentinos, cujo dinheiro não ficava no Brasil, havia um ou outro criador de porcos em escala, o que contribuía para injetar algum fôlego ao fraco comércio local e gerar algum trabalho. Um dos maiores empreendedores no ramo da suinocultura acumulou riqueza ao se livrar da obrigação de pagar a seus prestadores de serviço. Settilo

Voltolini, ao relatar as origens de Pato Branco no livro *O retorno*, escreve que o fazendeiro contratava em Clevelândia rapazes solteiros, de preferência sem família, para realizar grandes roçadas para o plantio de milho. Nessas roças soltava porcos para engordar e depois vender aos açougues de Palmas e União da Vitória. Esse sistema de produção tinha boa rentabilidade, mas o fazendeiro queria mais. O único investimento seria o trabalho de preparo da terra e o plantio da lavoura. O próprio porco, quando colocado nessa roça, se encarregava de derrubar o pé de milho para comer a espiga. Um jeito bem produtivo, que só exigiria mão de obra no momento em que o porco estivesse gordo, para levá-lo ao mercado consumidor. O empresário, no entanto, teve a ideia de se livrar dos gastos da empreitada da roça e do plantio. Concluído o serviço, os trabalhadores eram bem alimentados e pagos, conforme o combinado. Os jagunços do fazendeiro ficavam em uma tocaia e quando todos estavam a caminho de Clevelândia, os matavam, pegavam de volta o dinheiro e os enterravam longe da estrada. Os crimes, que vinham ocorrendo há várias safras, foram descobertos pelo delegado de Clevelândia que foi investigar a pedido de uma mulher cujo filho, trabalhador numa fazenda de Vila Nova, estava desaparecido. Entre um e outro dos tragos de cachaça que bebeu com desempregados numa bodega de Vila Nova, o delegado ouviu que seria melhor ficar bebendo do que trabalhar para alguns dos grandes criadores de porcos e acabar morto. O fazendeiro foi localizado, preso e condenado a mais de 30 anos.

Num ambiente em que era exceção a prisão de um criminoso rico, os caboclos "pelo duro", como eram chamados os nascidos na região e não descendentes de estrangeiros, conviviam com experientes guerreiros das tropas de Gumercindo Saraiva, que escolheram entrar mato adentro do sudoeste para escapar da perseguição dos republicanos, vencedores da guerra federalista. A região oferecia, a eles e aos caboclos, a dúvida sobre o direito de propriedade do território, disputado há mais de dois séculos por brasileiros e argentinos, ou, mais precisamente, por portugueses e espanhóis. Com uma fronteira próxima e de mata fechada, quando a situação ficava complicada do lado de cá, as pessoas se bandeavam para o lado da Argentina. As fronteiras entre o Brasil e as possessões espanholas foram negociadas pelo Tratado de Madri de 1750. Portugal cedeu ao governo espanhol a Colônia de Sacramento (hoje pertencente ao Uruguai) em troca das regiões das Missões, povoadas por índios catequizados pelos jesuítas. No Rio Grande do Sul foi necessária uma longa e conjunta ação dos exércitos português e espanhol para tomar posse da região chamada de Sete Povos das Missões. Sepé Tiaraju, liderança de maior expressão dos guaranis, foi convencido pelos padres que teriam ajuda divina para garantir suas posses, pois não reconheciam nos espanhóis ou nos portugueses direitos sobre as terras. A ajuda divina não aconteceu.

Portugal e Espanha concordaram que os rios Uruguai e Iguaçu seriam as fronteiras de seus países. A divergência ficou por conta dos rios que corriam em direção oposta a esses dois. Após o fim da Guerra do Paraguai, a Argentina voltou a questionar os limites da fronteira, o que lhe daria direito a um território muito maior, pois incluiria todo o sudoeste do Paraná e parte de Santa Catarina. Os produtores argentinos de erva-mate, que entravam na região todos os anos na época da colheita, faziam grande pressão para obter o direito sobre as terras. Os criadores de gado, brasileiros de Palmas, Campo Erê, Goioerê e Campos de São João, estavam estabelecidos nessas áreas há mais de 100 anos. Palmas, inclusive, era um entreposto das tropas que transportavam mulas do Rio Grande do Sul para Sorocaba.

Com a proclamação da república no Brasil, a Argentina passou a cobrar uma definição sobre seu pleito. Ambos os países concordaram em se submeter a uma arbitragem isenta do presidente dos Estados Unidos, Stephen Grover Cleveland. O Barão do Rio Branco, com o assessoramento do general Dionísio Cerqueira, fez cópias de mapas das fronteiras do Brasil com a Argentina em arquivos históricos europeus e os enviou à Casa Branca, junto com dados sobre as populações que habitavam o território em disputa.

As informações do Recenseamento de 1890 indicaram que, na região, existiam 5.793 habitantes, dos quais 5.763 eram brasileiros e 30 estrangeiros. Mesmo com número baixo de estrangeiros, possivelmente porque a pesquisa não foi feita na época da colheita de erva-mate, não constava nenhum argentino. O presidente Cleveland, em 6 de fevereiro de 1895, sentenciou que o território em questão era do Brasil, decisão justificada pelo *uti possidetis,* princípio de direito internacional que garante a quem ocupar um território o direito sobre ele. A ocupação dessas terras por fazendeiros, antigos revolucionários, fugitivos da Justiça, caboclos e índios foi o que deu ao Brasil um imenso território que teria mais tarde espetacular êxito na produção de grãos e proteínas.

O Censo de 1890 deixou fora dos registros uma população de índios que viviam no Brasil muito maior do que a de brancos e caboclos. Os índios caingangues tinham ocupação permanente em Mangueirinha, Guaraniaçu, Guarapuava; outras etnias, em Palmas. Os guaranis transitavam pelos caminhos das florestas do Sul ao Paraguai há séculos.

Dois donos de terras a perder de vista

A vitória brasileira na questão dos territórios de fronteira deveu-se, principalmente, aos posseiros, que até então respeitavam entre si as áreas ocupadas por cada um, mas não tiveram o reconhecimento merecido das autoridades. Dois anos antes da decisão do presidente dos Estados Unidos a favor do Brasil, quando já estava instalado o processo de arbitragem em comum acordo entre Brasil e Argentina, uma senhora residente em Curitiba, Maria Isabel Belém e Almeida, recebeu o título de propriedade do governo brasileiro de uma área de 250 mil hectares no sudoeste do Paraná. O título de propriedade da Fazenda Bom Retiro foi concedido em 10 de junho de 1893. Alguns dos posseiros que viviam na área requerida pela mulher deram origem a Vila Nova. Dezessete anos depois, um outro fato da mesma magnitude teria grande importância na estrutura fundiária do sudoeste do Paraná. O governo do então chamado presidente do Paraná, Francisco Xavier da Silva, entregou, antecipadamente, à Braviaco, do grupo Brazil Railway, 425 mil hectares de terras com pinheiros como pagamento de um ramal ferroviário que deveria ser construído em Guarapuava. A senhora curitibana e a Brazil Raiway, entre outros poucos, tinham no papel a propriedade dessas imensas áreas no sudoeste, mas o local exato de onde começavam ou terminavam seus domínios ninguém sabia. O engenheiro do governo do Paraná Francisco Gutierrez Beltrão, encarregado de fazer as medições e dar titulação das terras por volta de 1930, teve muita dificuldade para cumprir a missão, pois o sistema vigente em toda a região era de posse. O colono gaúcho ou catarinense que comprasse uma dessas propriedades tituladas recebia apenas um documento de cessão de direito. O que oferecia segurança ao comprador era adquirir o imóvel de quem efetivamente tinha a posse. A lei da terra, adotada em 1822, atribuía legitimidade ao processo de posse e outros negócios feitos nessa base.

Esse, em breves pinceladas, foi o quadro fundiário caótico de Vila Nova que os irmãos Bortot conheceram nos dias em que permaneceram na localidade. Ali, naquela época, valia a palavra empenhada do posseiro, às vezes respaldada pelo revólver. O conhecimento pessoal dessa realidade seria importante para os investimentos que Pedro já decidira fazer no sudoeste do Paraná.

Por ali passou a Coluna Prestes

À medida que se afastavam de Vila Nova de volta a Paim Filho, Pedro e Giuseppe repassavam em detalhes as informações obtidas sobre a nova frente de ocupação agrícola muito comentada no Rio Grande do Sul. Ao chegarem a Clevelândia, nos primeiros 46 quilômetros percorridos, e mais 280 teriam pela frente, sentiram um positivo sinal do que estariam para viver naquelas bandas: encontraram salame, queijo, pão e rapadura na principal bodega da cidade. Esperavam estar suficientemente abastecidos até a próxima localidade com algum comércio. No caminho, em meio à floresta, conseguiriam, como aconteceu na viagem de ida, abater alguma ave ou pequeno animal para assar no próximo acampamento à beira de uma sanga de água boa.

Em Clevelândia, ficaram sabendo de histórias sobre a criação do povoado, em 1869, e também sobre a passagem da coluna de Luís Carlos Prestes pela região, rumo a Foz do Iguaçu, em 1924. A passagem do "cavaleiro da esperança" à frente de uma coluna de militares rebelados procedentes do Rio Grande do Sul, que queriam a derrubada do presidente Arthur Bernardes, causou pouco impacto em Clevelândia. Ao cruzar o despovoado sudoeste os revolucionários tinham como maior inimigo a escassez de alimentos. As matas muito densas dificultavam as cavalgadas e era perigosa a travessia de rios com cavalos e armamento pesado. As autoridades do Paraná determinaram que um esquadrão militar de Clevelândia, apoiado por um grupo de civis de Vila Nova, apresentados como voluntários, fosse dar combate aos prestistas. Os soldados, no primeiro encontro com a retaguarda da coluna de Prestes, depois de algumas baixas, desistiram da luta e bateram em retirada. Os "voluntários" de Vila Nova, ex-combatentes de Gumercindo Saraiva, aderiram a Prestes e contribuíram para a coluna chegar até a tríplice fronteira por caminhos seguros e sem qualquer enfrentamento com as forças do governo. Alguns deles voltaram, tempos depois, às suas famílias. A passagem de Prestes (que só se considerou comunista depois de 1928) pelo sudoeste reforçou a ideia do direito de posse dos colonos, sem qualquer outra ação, como costumava fazer quando queimava os cartórios de registro de imóveis e destituía as autoridades dos municípios por onde passava, segundo depoimento do próprio Prestes aos jornalistas Marcelo Lopes, Anna Terra, José Antônio Pinheiro Machado, Paulo Fogaça e a mim, em Porto Alegre, em 1983.

No retorno dos irmãos Bortot ao Rio Grande do Sul, os animais pareciam andar mais depressa. A diferença podia ser explicada pelo fato de que na ida a caravana aproveitava sempre as aguadas e pastagens, uma vez que ninguém sabia o que vinha pela frente. Agora, em quatro dias já estavam nas margens do

Uruguai. Antes da travessia, fizeram um acampamento na beira do rio para descanso de um dia. O barqueiro os recebeu com um largo sorriso e com a surpresa de vê-los de volta em tão pouco tempo. "Mas bah, tchê. A viagem foi mais rápida que corrida de lebre", comentou o caboclo, de uma mistura étnica mais de índio do que de europeu. "É a saudade dos cavalos de voltar ao pago", disse Giuseppe. A conversa entre os dois prosseguiu com a curiosidade do barqueiro sobre a nova fronteira agrícola. "Vejo grandes oportunidades: lugar pra quem quer trabalhar e construir o progresso. O que atrapalha é o sofrimento nas estradas", disse Pedro.

Na realidade, pelos ouvidos de quem ganhava a vida fazendo a travessia do Uruguai, o barqueiro tinha mais informações sobre o sudoeste do Paraná do que os viajantes. Sabia dos crimes cometidos contra os colonos, da ausência de autoridades numa terra de ninguém. Tinha notícia de famílias inteiras mortas antes de chegar ao destino, mas, como o fluxo de colonos crescia, a conclusão a que chegava era de que no futuro aquelas ousadias teriam valido a pena. Pedro aproveitou a prosa para informar-se da capacidade de transporte da embarcação. A estrutura de madeira e o assoalho da balsa tinham sido construídos em cima de diversas canoas, uma pregada na outra. O que impedia a embarcação de afundar eram as canoas de cedro, madeira macia para corte, leve e resistente. O barqueiro informou que a balsa já suportara uma carga de cinco toneladas. Era a informação que Pedro precisava para dar curso ao seus planos de levar equipamentos industriais de Paim Filho para Vila Nova. Essa planejada travessia implicava outros sérios riscos. Teria que descer e depois subir por verdadeiros peraus com carroças que carregariam duas grandes rodas de pedra destinadas à moagem de milho. As carroças deveriam ter freios muito fortes para evitar que descessem morro abaixo, pois os bois não teriam força suficiente para contê-las. E a balsa, obviamente, teria de suportar também o peso das rodas. A travessia do Uruguai e o retorno à casa ocorreram em boas condições de trato aos animais e de alimentação do grupo. A sequência de povoados em solo gaúcho em condições de dar conforto aos viajantes deixou todos muito animados naquela viagem de Vila Nova a Paim Filho em 11 dias.

Pedro vai, Giuseppe fica

Ao chegarem a Paim Filho, Giuseppe e Pedro foram muito festejados pela coragem e o pioneirismo. A cada relato que faziam aos parentes e interessados na nova fronteira agrícola, procuravam ser precisos e realistas, para evitar cobranças mais tarde por eventuais frustrações.

Pedro era o que mais falava. Destacava as riquezas da floresta intocável, a qualidade e o preço da terra e dava detalhes da vida em Vila Nova. O aglomerado de menos de 100 casas carecia de condições elementares para se viver com algum conforto e segurança. A casa de Giuseppe em Paim Filho, construída em um terreno com leve declínio, era considerada uma das mais belas da vizinhança pelo seu visual externo e divisões internas, com sala e cozinha integradas e um longo corredor que dava acesso aos quartos. A varanda, que ficava à altura do segundo andar, permitia uma visão ampla de Paim Filho e ali a família recebia as visitas e se reunia depois das refeições. Diferente era a situação em Vila Nova. Não havia ali nenhum estabelecimento que pudesse ser chamado de farmácia, muito menos médico, dentista ou enfermeiro para tratar de problemas elementares de saúde. Alguém com dor de barriga, corte no pé, dor de dente, unha encravada, tinha de recorrer a um benzedor e à infusão de ervas caseiras. Madeira e erva-mate, provenientes de árvores nativas encontradas em terras vermelhas de pouca ondulação, indicavam que o terreno também seria propício ao cultivo de alimentos. A dificuldade estava no mau estado ou inexistência de estradas, falta de gente para a prestação de serviços, além de ausência de polícia e outras autoridades. O respeito à lei, a consciência do que é certo ou é errado dependiam da interpretação das pessoas. Giuseppe preferiu, naquele momento, permanecer em Paim Filho com dois objetivos: juntar mais dinheiro para os investimentos que teria que fazer no Paraná e garantir estudo aos oito filhos. Queria que todos pelo menos concluíssem o ensino básico, sabendo ler e escrever e dominando a matemática.

Heleodoro no "Julinho"

Heleodoro, segundo filho mais velho, demonstrou especial interesse pelos estudos desde o primário e foi cursar o ginásio como interno no Colégio Nossa Senhora da Conceição, em Passo Fundo. O elevado custo, porém, obrigou-o a voltar dois anos após a Paim Filho, onde foi trabalhar de carroceiro na cooperativa de vinho. Porém, sua vocação era mesmo para o estudo. Diante das dificuldades financeiras da família, o professor de Heleodoro no primário, Francisco Leben, disse a Giuseppe que seu filho poderia estudar em Porto Alegre, onde existiam ótimos colégios públicos e gratuitos, como o Júlio de Castilhos, ou o Agrícola, em Viamão. Heleodoro convenceu seu primo Olivo Zanella e o amigo Iris Caldart a concluir as suas formações educacionais em Porto Alegre.

Como não conseguiram vaga no colégio Agrícola, acabaram ingressando no Júlio de Castilhos. Tiveram que ir morar na pensão de estudantes da Dona Clara Leben, irmã do professor do primário, na Cidade Baixa de Porto Alegre, a poucas quadras do "Julinho", como os estudantes chamavam a escola pública de maior prestígio do Rio Grande do Sul.

Os três dividiram um quarto do pensionato, com dois beliches, com o também estudante Mario Quintana, que se tornaria um dos maiores poetas do Brasil. Boêmio, Quintana costumava adentrar no quarto ao clarear do dia. Jogava-se na cama como estava vestido. Inúmeras vezes seus parceiros de quarto, quando levantavam da cama para ir estudar, precisavam tirar os seus sapatos para que ele tivesse um bom descanso.

Quando desembarcaram do ônibus na rodoviária de Porto Alegre, por volta de 1940, tiveram a maravilhada surpresa da dimensão da grandiosa cidade de 272 mil habitantes, edifícios altos e ruas lotadas de automóveis e pessoas. Heleodoro e os companheiros, apesar da pouca idade e da quase completa ignorância da política federal, perceberam na capital gaúcha falava-se muito na situação nacional, fazendeiros, industriais, bacharéis e políticos profissionais articulavam esquemas de influência no governo do conterrâneo Getúlio Vargas, no Palácio do Catete já há dez anos. Parte do efervescente progresso da cidade nesse período se deveu à presença cada vez maior de fazendeiros vindos do interior rumo ao Rio de Janeiro. Heleodoro e Olivo conseguiram matricular-se para concluir o ginásio com o curso do "Artigo 91" em dois anos, uma espécie de supletivo dos dias atuais.

Estes anos de muito estudo foram determinantes para os próximos passos que iriam dar na área educacional. Nesse período foram visitar a família apenas duas vezes pela distância e escassez de recursos financeiros. Ainda moravam no pensionato quando concluíram o equivalente ao científico. Heleodoro estava decidido a fazer Medicina, escolha muito estimulada pelos pais. Na folga dos estudos, os jovens se divertiam na boêmia Cidade Baixa. No sábado à noite, frequentavam botecos da Voluntários da Pátria onde Lupicínio Rodrigues cantava para estudantes, malandros e mulheres da noite. Aos domingos, percorriam o Mercado Público, a Praça da Alfândega até as instalações da Companhia Jornalística Caldas Júnior (editora do jornal *Correio do Povo*) e, às vezes, iam ao Cine Teatro Guarani. As confeitarias e as elegantes pessoas que circulavam por esses locais faziam parte da paisagem. Os três jovens foram se ajustando ao modo de se vestir na capital e passaram a andar de terno, gravata e sobretudo. Os assuntos da metrópole foram sendo absorvidos e incorporados. Com o tempo, tentaram abandonar o sotaque italiano da colônia, que eliminava o "s" do plural, e se sentiram quase incorporados aos padrões de linguagem e comportamento dos ambientes finos da cidade. No entanto, uma das heranças da colônia italiana que influencia, até os dias de hoje, a população gaúcha é exatamente a ausência do "s" no plural.

O monumental prédio do Colégio Júlio de Castilhos, de arquitetura europeia, era mais imponente do que o da Faculdade Federal de Direito, que ficava ao seu lado na Avenida João Pessoa. O colégio, inaugurado por Borges de Medeiros em 1900, recebeu o nome de Júlio de Castilhos, o primeiro governador eleito pelo voto popular pelo Partido da República Rio Grandense (PRR), com a intenção declarada de formar uma nova geração de gaúchos com foco em ciências e conhecimentos que pudessem contribuir para o desenvolvimento industrial e econômico do Estado. Pelo colégio passou grande parte da elite política do RS e de intelectuais ligados ao tradicionalismo, como Getúlio Vargas, Leonel de Moura Brizola, Alcides Saldanha, Barbosa Lessa e Paixão Côrtes. Este último foi um dos principais responsáveis pelo resgate da tradição e da cultura gaúcha na dança, na música, na poesia e na criação dos centros de tradição, exatamente na época em que Heleodoro e Olivo estudavam no Julinho. No mesmo período foi criado o Grêmio Estudantil Júlio de Castilhos, instituição de representação que teria um grande papel na história do Rio Grande do Sul por suas lutas em defesa da democracia. Os jovens tiveram acesso a uma das melhores escolas de política do Sul do país, mas, de acordo com a tradição da família de imigrantes, nunca militaram em facções estudantis e nem, mais tarde, partidárias.

O sobrinho de Heleodoro, filho de Domingos, nascido em Pato Branco, seguiria, nos anos 1970, os passos educacionais do tio na capital gaúcha. Estudaria em bons colégios, beberia das mesmas fontes culturais, mas teria atuação política no fim da ditadura militar como presidente do DCE da Pontifícia Universidade Católica, PUCRS. Pelos serviços prestados à liberdade e aos direitos humanos, o governador gaúcho Olívio Dutra concedeu-lhe a Medalha Negrinho do Pastoreio, em 1999, junto com personalidades da política como Raul Pont, Flávia Schilling, Jair Krischke, Sereno Chaise, Zulmira Cauduro, Jairo de Andrade, Cezar Alvarez, Leonel Brizola, entre outros.

Após a morte trágica da mãe, em 1948, os estudos preparatórios de Heleodoro em Porto Alegre para ingressar na universidade tiveram de ser interrompidos, especialmente por causa do desejo de ficar mais próximo do pai, que se mudara finalmente para Vila Nova, no Paraná. Dois anos depois, passou no vestibular de Odontologia da Universidade Federal do Paraná e foi estudar em Curitiba. Olivo Zanella ingressou na Engenharia da Universidade do Rio Grande do Sul. Assim, os dois primos se separaram por cinco anos. Só iriam se encontrar novamente em Pato Branco.

A cautela de Pedro

Em Paim Filho, apesar de considerar-se pronto para partir em definitivo para Vila Nova, Pedro resolveu suspender a viagem prevista para final de 1928. Na última hora vacilou, por insegurança. Temeu mudar-se com mala, cuia e família para uma região inóspita em que tudo era muito nebuloso.

Não havia a chamada segurança jurídica. A garantia da propriedade no campo, por exemplo, dependia mais da força bruta, e era essa a prática geralmente aceita, mas um Bortot não tinha preparo nem índole para fazer negócios baseados no calibre de sua arma e no estoque de sua munição. O adiamento era lamentável, mas Pedro decidiu que nada compraria sem plena certeza de que a terra, ou o que mais fosse, estaria perfeitamente legalizada. O mais importante é que a atividade que iria desenvolver não seria na agricultura, mas na indústria e no comércio, planejada para atender às necessidades de uma cidade em formação. Pedro considerava que a lavoura no sudoeste do Paraná, nas condições em que as terras se encontravam, exigia um esforço muito grande: fazer um roçado, derrubar no machado árvores de até 2 a 3 metros de diâmetro, queimá-las para, depois, tocar o plantio e a limpeza da lavoura de ervas daninhas. Nunca esteve na cabeça de Pedro desenvolver esse tipo de atividade em Vila Nova. Por isso decidira adquirir terrenos junto à área urbana para a finalidade específica de instalação da serraria, do moinho e da loja. Todas as dúvidas e certezas Pedro reportou a Giuseppe, a quem tinha pensado desde o início como parceiro e sócio em Vila

Nova. Giuseppe já tinha sinalizado sua preferência por ficar no Rio Grande do Sul, e todos os argumentos do irmão, e mesmo dos filhos, não conseguiram mudar sua opinião.

Giuseppe ficaria em Paim Filho, mas sugeriu ao irmão que convidasse para sócio Pedro Tatto, de ascendência italiana, também oriundo da Serra Gaúcha. Era, segundo ele, pessoa séria e trabalhadora para ser parceiro numa região sem qualquer infraestrutura, ocupada por pessoas de cultura e valores diferentes. Pedro Bortot e Pedro Tatto constituíram, ainda no Rio Grande do Sul, uma sociedade com o fim de atender à empreitada. Dois anos após, quando soube que o governo do Paraná enviaria uma equipe de agrimensores, liderados pelo engenheiro Francisco Beltrão, para medir e titular as terras, Pedro finalmente se decidiu e partiria o mais breve possível. Voltou à ideia de se estabelecer em Vila Nova. Levava em conta, também, que nesse período crescera a população da localidade e suas condições de habitabilidade estavam mais civilizadas, sendo fundamentais para os negócios.

Nova fronteira

A migração de colonos gaúchos crescia muito no final de 1930, entusiasmados que estavam pelo fato de Getúlio Vargas ter assumido a presidência da República. No início do ano, só três estados apoiavam Getúlio (Rio Grande do Sul, Minas Gerais e Paraíba). Os adversários eram, oficialmente, as tropas federais e as polícias militares de 17 estados. A ousadia foi uma das razões do triunfo getulista. Vitoriosa a desafiadora revolução, muitas famílias gaúchas se sentiram encorajadas a tentar sua própria revolução, e as terras no Paraná poderiam ser o local dessa reviravolta em suas vidas. A população do Rio Grande tinha atingido 2,751 milhões de habitantes, mais que dobrara desde o início do século. Parcela significativa deles era de descendentes de imigrantes italianos, que conseguiram transformar a agricultura de subsistência em atividade comerc ial rentável, porém, necessitada cada vez mais de produção em maior escala. O sudoeste tinha terra em abundância, apesar das restrições legais de posse e da logística deficiente para o escoamento dos produtos.

Anna morre sob o luar

Alguns dias antes da previsão de partida de Pedro para efetivamente comprar terras tituladas e começar a se instalar na nova fronteira agrícola, bateu em Paim Filho um tufão de vento oeste impregnado do perfume de flores silvestres. Vista da varanda da casa dos Bortot, a lua cheia brilhava quando um feixe de luz foi visto no quarto. A pequena Rosa encontrou a avó com o olhar fixado no luar que entrava pela janela, mas sem sinal de vida, na noite de 31 de maio de 1930.

As primeiras filas da missa de corpo presente na pequena igreja de Paim Filho estavam tomadas pelos filhos, filhas, genros, noras e netos, todos de roupa preta em luto fechado. Após palavras em latim de costas para os fiéis, o padre Giovani virou-se para falar da falecida. "Saibam que Anna Molinet subiu ao céu pelas mãos de Nossa Senhora das Graças com seus 69 anos de vida. Está agora junto de seu marido Bortolo e de todos seus entes queridos. Mereceu esta graça pela vida que levou aqui na terra, exemplo de superação para todos nós, especialmente aos familiares. Deu conta sozinha de educar, criar e tornar boas pessoas seus filhos e netos, tarefa que já seria bem difícil para um homem e uma mulher. Anna teve que desempenhar esses dois papéis, mesmo com as doenças que a castigaram ao longo da vida. Nunca desanimou, passou uma palavra de esperança aos filhos para que sempre olhassem para a frente a fim de não ficarem presos aos sofrimentos do passado. Estamos aqui na presença de Jesus Cristo para celebrar a vida, a coragem, a força interior de Anna Molinet", disse o padre, voltando ao altar para um *"Dominus vobiscum",* que os coroinhas responderam "*Et cum espiritu tuo*" (Deus esteja contigo... e com o teu espírito). Muitos soluços foram ouvidos, mas pelo rosto de Giuseppe rolavam lágrimas carregadas de lembranças das duras realidades da vida que teve de enfrentar desde criança como braço direito da mãe, o único com quem ela podia contar quando Bortolo morreu.

───•◆•───

A Revolução de 1930

Com a morte da mãe, Pedro ficou muito abalado e adiou por dois meses a ida a Vila Nova, agora com um grupo de amigos. Enquanto Pedro retomava os preparativos para a viagem, o então presidente do Estado, Getúlio Vargas, consolidava alianças com políticos mineiros e paraibanos e líderes do movimento tenentista para depor o presidente Washington Luiz e evitar a posse do paulista Júlio Prestes, acusado de ter sido eleito em um processo fraudulento. Eram econômicos e políticos os fatores decisivos para que Getúlio Vargas, 24 dias depois de ter deflagrado seu movimento, já estivesse sentado na cadeira de presidente da república, sem praticamente resistência e sem grande derramamento de sangue. A crise financeira mundial, iniciada em 1929 com a quebra da Bolsa de Nova York, afetou a economia do Brasil, especialmente o setor exportador de café e o sistema bancário. O *crack* repercutiu em cadeia sobre a indústria e o comércio, além de provocar desemprego em São Paulo e no Rio de Janeiro. Esse foi o pano de fundo da Revolução de 1930. Getúlio Vargas era herdeiro político de Borges de Medeiros, de quem fora secretário da Fazenda, e simpatizante do positivismo, adepto de práticas centralizadoras na administração pública. O contato com a doutrina de Auguste Comte na Faculdade de Direito de Porto Alegre e a prática política como deputado estadual no período em que Júlio de Castilhos governou o Estado foram determinantes para colocar Getúlio na posição de líder revolucionário. Enquanto este articulava na esfera institucional, seu vice-governador, João Neves da Fontoura, na condição de deputado federal (os mandatos podiam ser acumulados), costurou apoios no Congresso Nacional, além dos contatos mantidos com todas as correntes políticas do país. Tudo estava planejado e sob controle. A tranquilidade com que Getúlio encarava a situação pode ser demonstrada na rotina que seguiu no dia da deflagração do movimento. Pela manhã, despachou assuntos burocráticos e repassou o texto do manifesto da revolução. Após o almoço com a família, jogou duas partidas de pingue-pongue e ficou aguardando a tomada do quartel do 3º Exército por um grupo de revolucionários. Em 3 de outubro, quando se instalou em um vagão especial de trem, entre outros cheios de soldados da Brigada Militar e voluntários armados, estava confiante no apoio que tinha em vários pontos do país, em especial Minas Gerais, do governador Antônio Carlos de Andrade, e de alguns poucos empresários paulistas, entre eles Júlio Mesquita, dono do jornal *Estado de S. Paulo*. Discutira com eles toda a estratégia de ação. Em três dias, Getúlio estava em Ponta Grossa, no Paraná, sem que seu trem revolucionário tivesse que disparar um só tiro. Ao contrário, por todas as estações da ferrovia que passavam eram recebidos com grandes manifestações de apoio. Permaneceu uma semana em seu vagão de trem em Ponta Grossa, onde, entre reuniões para informes e negociações sobre a revolução em curso, teve tempo para participar de um baile em sua homenagem. Foi nessa semana que evitou a Batalha de Itararé – os jornais previram um "sangrento combate" com as tropas paulistas, próximo à divisa de São Paulo com o Paraná, mas o combate não aconteceu – e saiu dali para tomar o poder no Rio de Janeiro, sem resistência.

A primeira roda que movimentou a indústria em Pato Branco.
Na foto, Domingos com Davi Presotto e Vadico.

Capítulo 6

A MARCHA PARA O OESTE

Os primeiros motoristas da família: os primos Abel e Domingos Bortot.

Ao lado, documento de registro da indústria de erva-mate dos irmãos Pedro e Giuseppe.

A ascensão dos gaúchos ao poder, "ocorrida em solo do Paraná", como orgulhosos e exagerados paranaenses costumavam descrever, aconteceu na primeira semana depois que Pedro chegou a Vila Nova. O mesmo trajeto de Pedro era percorrido por centenas, milhares de gaúchos descendentes de italianos. Essa espécie de êxodo coincidiu com o anúncio de uma das primeiras iniciativas do recém-implantado governo de Getúlio: a marcha para o oeste, que culminaria, décadas depois, com a verdadeira "chegada do Brasil a Brasília". Pedro estava em Vila Nova com o grupo de amigos, entre eles Pedro Salomoni e Pedro Tatto, tomando as providências para criar as condições mínimas de moradia e suprimento de alimentos para a chegada da família, que só iria ocorrer no ano seguinte. Nesse período foi feito o desmate de cinco alqueires de mata para o plantio de milho. A produção seria destinada à alimentação de animais e à produção de farinha de milho no primeiro moinho construído em sociedade com o vizinho e sócio Pedro Tatto. As terras compradas por Pedro e Tatto, uma ao lado da outra, tinham em comum o Rio Ligeiro, que passava pelas duas propriedades. Os terrenos foram escolhidos exatamente por esse detalhe. A água do rio seria utilizada na serraria e no beneficiamento de milho, trigo e erva-mate e, mais tarde, na geração de energia elétrica. Uma barragem foi feita na parte mais estreita do rio para formar um reservatório. Um canal, com dois metros de largura, desviava a água da barragem até a serraria e o moinho, que ficavam em uma posição mais baixa de um terreno distante uns dois quilômetros. A água caía sobre compartimentos de madeira fazendo com que girasse uma roda enorme também de madeira, viabilizando o sistema de moagem do milho, depois o moinho de trigo e a serraria. O trabalho de carpintaria e engenharia para instalar as três unidades produtivas teve a participação de Bortot e Tatto, com a ajuda de caboclos na parte mais pesada. A construção da serraria, embora fosse mais simples, exigia equipamentos de ferro difíceis de encontrar na região, como serra de corte e roldanas sobre uma espécie de guindaste manual para suspender as toras de madeira. A operação para a instalação das pedras de moagem de milho e trigo exigiu muito esforço físico e precisão. Uma das pedras de mais de mil quilos tinha que ser colocada em cima da outra e ajustada perfeitamente para a rotação e o controle da espessura da farinha. A produção ocorreria com uma pedra girando sobre a outra para esmagar o grão de milho ou de trigo e transformá-lo em farinha. Com os escassos recursos disponíveis na época, foi espetacular façanha a inauguração das unidades produtivas da sociedade Bortot & Tatto em Vila Nova. Duas décadas após, Pedro Bortot contratou o especialista em construção de moinhos Davi Presotto, do Rio Grande do Sul, para refazer as instalações iniciais a fim de implantar processos mais eficientes de produção em busca de maior produtividade dos moinhos. Presotto acabou casando com a filha Claudina, de Pedro.

Carmela e os onze filhos

Em maio de 1931, um mês após o moinho estar produzindo farinha de milho, partiram de Paim Filho Carmela Dalla Corte e Pedro com seus onze filhos e a mudança, uma viagem sem volta. O mais velho, Severino, tinha 17 anos, e a mais nova, Claudina, dava seus primeiros passos. Um dia antes da partida, Giuseppe ofereceu uma churrascada de despedida ao irmão, que viera de Vila Nova, à cunhada e aos sobrinhos. Apesar do ambiente festivo, o momento foi muito triste para todos, em especial para Giuseppe, que presenciava a separação, pela primeira vez, dos filhos de Bortolo. Antes de morrer, ele recebera do pai a missão de zelar e manter unida a família no Brasil. Mas Pedro, com 39 anos, partia com a mulher e sua prole por vislumbrar no Paraná desafios e oportunidades de progresso. Giuseppe, sete anos mais velho, sentia um pouco o peso da idade, mas prometeu ao irmão que mais tarde iria a seu encontro em Vila Nova. Por enquanto, permaneceria em Paim Filho a cuidar da educação dos filhos.

 A viagem do Rio Grande do Sul ao Paraná foi longa e de muitas surpresas para todos. O trajeto traçado por Pedro não era o mais curto, mas o menos desconfortável. Uma novidade foi em Marcelino Ramos, quando embarcaram no vagão de passageiros do trem que fazia a linha da gaúcha Santa Maria à catarinense Porto União. Ninguém na família conhecia aquele tipo de transporte sobre trilhos, com uma grande máquina fumacenta e barulhenta a se movimentar em velocidade muito superior à de uma carroça e a puxar um vagão em cujas janelas o vento soprava forte enquanto tudo que estava à vista do lado de fora – casas, gente, cavalos, bois, porcos, cachorros, pinheiros, bugios – fugia, chispando, no sentido contrário. A euforia terminou quando desembarcaram na estação de São José dos Pobres, em Santa Catarina. Teriam que seguir por estradas precárias e perigosas mais uns 50 quilômetros em um pequeno caminhão Chevrolet Gigante até Palmas, onde os esperava um carroção que os levaria a Vila Nova, pois o que se chamava de estrada tinha péssimas condições de tráfego para um automóvel. A jornada, em cima de um carroção puxado por mulas levou quatro dias, com acampamentos precários à beira do caminho, sem falar dos perigos de ataques por malfeitores num território sem lei. Ao chegar à nova casa, no final do trajeto que, como em uma rua única, atravessava todo o lugarejo, estavam empoeirados e cansados. A compensação foi encontrar rostos conhecidos desde Paim Filho, tomar um banho e comer alguma coisa. As crianças, é claro, contavam as maravilhas da viagem de trem. Carmela, com seus 35 anos, mantinha muitos traços físicos de quando se casou e exibia excepcional disposição para cuidar daquela numerosa família, agora em um ambiente diverso e de pouco conforto. A cada refeição, às vezes com a ajuda das filhas, tinha que preparar comida para mais de dez pessoas sentadas à mesa. Pedro admirava a mulher pela boa vontade e coragem de acompanhá-lo em seus sonhos, especialmente este que começavam a construir em terra estranha, distante de tudo e de todos.

Em poucos dias, os filhos adolescentes estavam envolvidos nas atividades da serraria e do moinho. Carmela e as filhas procuravam organizar os utensílios e as roupas nos cômodos da casa de madeira com cinco quartos, construída como se fosse de dois andares. No térreo, havia uma garagem para guardar a carroça e objetos de uso da família. A parte de cima foi dividida em uma sala, cozinha e os quartos: dois para os filhos, dois para as filhas e o último para o casal.

―――•◆•―――

Negócio para um dono só

Apesar do intenso trabalho, pois tudo estava por fazer nessa fase de instalação, os negócios no início não andaram bem. Ao contrário do que haviam previsto, a demanda por madeira foi muito aquém do esperado em Vila Nova. A solução foi vender as tábuas de pinheiro em Clevelândia, depois em Palmas. Havia a possibilidade de levar a produção a União da Vitória e aproveitar o retorno da viagem para trazer mercadorias que chegavam de São Paulo à estação ferroviária. A distância de 230 quilômetros para ser percorrida de carroça envolvia custos e riscos muito elevados. O excedente da produção acabou sendo vendido em Clevelândia a preços bem abaixo do esperado. A quase inexistente rentabilidade do negócio, já nos primeiros anos, levou os dois sócios à conclusão de que este só permitia o sustento de uma das famílias. Pedro comprou a parte de Tatto. Mais tarde, começou a vender madeira em União da Vitória. Vila Nova mudou seu nome para Bom Retiro, a população aumentou, o fluxo dos negócios se expandiu e o dinheiro começou a circular além dos botecos que só vendiam cachaça. Carmela e os filhos foram aos poucos se adaptando aos costumes de Bom Retiro. Na sua casa e na dos amigos sempre havia erva boa para um bom chimarrão. A saudade do Rio Grande, dos primos e amigos acabava no trabalho que tinham pela frente e na dominação da grandiosidade daquelas florestas nativas e seus animais. Em pouco tempo os Bortot lideraram um movimento para a criação de um campo de futebol e do Clube Duque de Caxias, destinado a ponto de encontro e bailes dos jovens de famílias de gaúchos.

―――――•◆•―――――

Uma onça no caminho

Na realidade, o que os filhos mais gostaram foi das expedições para reconhecimento dos rios próximos ao povoado. A mais marcante foi para o Rio Chopim. Pedro e Quati tomaram todas as providências para a viagem, que deveria levar um dia até chegar ao local e outro em que permaneceriam pescando nas margens. Quati era o apelido de um capitão do mato de Pedro, cujo rosto carregava traços parecidos com os do pequeno mamífero. Mas era caboclo forte, conhecedor de todas as picadas dos arredores de Bom Retiro. Comandados por Pedro e Quati, foram na excursão Severino, um homem praticamente feito, e os adolescentes Eleutério, Vadico e Abel. A comitiva era formada de seis pessoas montadas a cavalo e mais uma mula para levar os mantimentos e uma lona destinada ao acampamento. Venceram os 18 quilômetros de floresta em dez horas. Os galhos das árvores não deixavam a luz do sol penetrar nas picadas. A movimentação de pequenos animais de um lado a outro do caminho era motivo de surpresa e de comentários dos jovens. A cantoria dos pássaros e os gritos de bichos desconhecidos despertavam a curiosidade e o prazer da aventura. De repente os cavalos relincharam simultaneamente ao rugido que vinha do meio das árvores. "Este é dos grandes", disse Quati. Os jovens ficaram surpresos e tensos quando Pedro deu um tiro para o alto ao ver uma onça-pintada do tamanho de um terneiro atravessar a estrada. "Bicho curioso. Não iria nos atacar. Só queria fazer um reconhecimento para deixar claro que este é seu território", explicou Quati. As águas do Chopim corriam lisas e espelhavam o alto das árvores. Aqui e ali um peixe pulava para pegar alguma semente que boiava. Desencilhados os animais, esticada a lona sobre estacas de galhos de árvores, todos foram nadar para se resfriar do calor. Pedro encontrou água boa que corria por uma pequena sanga. Quati foi buscar minhocas para a pescaria. Peixe é o que não faltava. "Nunca ninguém esteve por essas bandas pescando", informou. O jantar foi farto de peixe assado e polenta. No dia seguinte Pedro conduziu o grupo até a foz do Chopim com o Rio Iguaçu para agradar aos filhos e certificar-se da possibilidade de navegação na área.

Em casa com Francisco Beltrão

As pessoas sempre eram bem-vindas à casa dos Bortot para um chimarrão e uma prosa. Um dos que apareceu por lá, por volta de 1933, foi o engenheiro Francisco Beltrão, que com sua equipe vinha medir e dar título definitivo de propriedade aos colonos que haviam adquirido direito de posse da Fazenda Bom Retiro. Francisco Beltrão tinha estudado nas melhores escolas e tinha laços de amizade com pessoas das diversas esferas de poder de Curitiba. A missão de titular as terras do sudoeste, além de técnica, era política. Beltrão ficou admirado com o empreendedorismo de Pedro em meio a um ambiente de muito poucos recursos humanos e financeiros. Como ninguém, Beltrão sabia que no sudoeste o grosso do dinheiro que circulava era da venda ilegal de terras. A titulação tinha como finalidade pôr fim a esse tipo de malfeito. O engenheiro e seus auxiliares passaram a almoçar na casa de Pedro sempre que estavam em Bom Retiro, pois, entre outras razões, não havia restaurante no vilarejo. Além de legalizar a posse adquirida por Pedro, Beltrão lhe passou uma visão ampla da região e o projeto que estava em estudo pelos governos federal e estadual para aquela área. A ocupação da região com famílias do Sul era prioridade de ambas as esferas de governo. Getúlio Vargas via no projeto migratório o atendimento ao pleito dos gaúchos da Serra por mais terra e esperava fazer um projeto de colonização de pequenas propriedades em modelos de agricultura familiar. Pedro ficou animado com o cenário, pois os negócios que tinha em mente dependiam do aumento da população e do seu poder de compra. Quanto mais rápido Bom Retiro se tornasse uma cidade de verdade, maiores as chances de sucesso da serraria e dos moinhos. Tudo o que Pedro previra para Vila Nova ocorria agora em Bom Retiro, que apenas tinha mudado de nome. E ele aproveitou essa conjuntura ao inaugurar a esperada loja comercial, com grande variedade de produtos, atendida pelos seus filhos mais velhos, que se transformou em nova fonte de renda para a família. A produção e venda das farinhas de milho e de trigo, no entanto, era o ramo de maior rentabilidade, por serem os únicos produtores na vila e atenderem a uma demanda cada vez maior na região. Os principais consumidores eram os colonos gaúchos, mas os caboclos começavam a incluir a polenta e o pão em suas refeições.

As conquistas civilizatórias

As melhoras na qualidade de vida da população foram ocorrendo na mesma proporção que chegavam novas famílias com braços para desbravar e sonhos para colocar de pé. Pedro tinha um grupo de amigos empreendedores que o acompanhou na sua segunda viagem ao sudoeste e outros que chegaram mais tarde[7] com os quais discutia o que fazer para amenizar os sacrifícios das pessoas, gaúchos ou caboclos. Esse grupo teve a iniciativa de construir a primeira igreja no vilarejo, para que as famílias pudessem ir à missa. O padre deu-lhe o nome de Capela de São Pedro, uma ho-

---

7. Neste grupo estavam Pedro Soares, José Dalmolin, Possídio Salomoni, Pedro Tatto, Brunetto, Fabian e Colla.

menagem aos muitos Pedros envolvidos na construção. O religioso considerava a existência física de um templo um passo importante na união de católicos dispersos e na observância dos mandamentos da lei de Deus em uma localidade em que poucos observavam a lei dos homens. Ele recomendava aos fiéis de Bom Retiro especialmente a obediência ao terceiro mandamento, "guardar os domingos e festas da igreja"; o quinto, "não matar"; o sétimo, "não furtar"; e o décimo, "não cobiçar a mulher do próximo". Aos mais empedernidos guardiões dos hábitos italianos, era também chamada atenção para as blasfêmias *"porca Madonna"* e *"porco Dio"*, doloso desrespeito ao segundo mandamento ("não usar o santo nome em vão"). Para a pregação dos domingos, o padre franciscano vinha de Palmas e tinha que se hospedar na casa de um dos que patrocinaram a igreja. Pedro era um deles. Só no final de 1939 Bom Retiro se tornou oficialmente distrito, com algumas estruturas administrativas subordinadas à intendência (hoje prefeitura) de Clevelândia. Com população de cerca de 3 mil habitantes, já contava com escola primária, um pequeno hotel, um subdelegado de polícia e um advogado que dava expediente três dias por semana. Médico continuava a existir somente em Palmas e em União da Vitória. Os profissionais mais prestigiados eram os dois alfaiates e os três sapateiros. Todos dependiam deles para ter um terno sob medida, traje dos homens para a missa dos domingos, e os respectivos sapatos ou botas. Os alfaiates levavam de três a quatro dias para tirar as medidas, provar e costurar definitivamente a calça, o colete e o casaco (já naquela época nenhum gaúcho pronunciava a palavra paletó). O negócio com madeira se ampliara com a entrada de novas serrarias e a produção de porcos passava também por grande expansão, com a comercialização de tropas em Clevelândia e Palmas. Pequenos frigoríficos se instalaram na periferia do distrito para a produção de linguiça, banha e abate de bovinos em atenção à demanda cada vez mais crescente. Circulava mais dinheiro no comércio, mas ainda nenhuma instituição financeira tinha aberto qualquer posto de atendimento ou agência bancária.

  Os empreendimentos de Pedro, como tinha previsto, estavam consolidados com a ajuda dos filhos, especialmente de Severino e Eleutério. Nesse período de nove anos, Carmela teve mais dois filhos: Graciolina e Setembrino, com uma diferença de 21 anos para o filho mais velho. Pedro viu a maior parte dos filhos e filhas se casar e o grupo familiar ganhou uma dimensão ainda maior também nos negócios. Alguns dos genros passaram a fazer parte da atividade de transporte de madeira em caminhões para União da Vitória, onde sempre havia demanda a preços vantajosos. No retorno, faziam frete a terceiros ou traziam mercadorias para vender na loja. Com a abertura de estrada de União da Vitória a Curitiba, nos anos 50, este mesmo processo de transporte e venda de madeira alcançou São Paulo, onde os preços compensavam o tempo de viagem de ida e volta de três semanas.

Começaram a surgir na parte urbana de Bom Retiro casas de madeira de dois andares, em que a parte de baixo servia para atividade comercial. A subprefeitura decidiu abrir uma rua paralela à principal e única (Avenida Tupy) para moradia e comércio, que seria mais tarde a Rua Guarani. Pedro abriu sua loja de varejo na Avenida Tupy. O amigo José Dalmolin tinha negócio semelhante na Rua Guarani.

Segunda Guerra no Brasil e na Itália

Os impactos da Segunda Guerra Mundial (1939 a 1945) praticamente não foram notados pela população do sudoeste do Paraná, a não ser pelos imigrantes italianos, alemães, poloneses, russos e ucranianos e seus descendentes, que trabalhavam na agricultura nas localidades de Vila Bonita, Bom Sucesso, Passo da Pedra e Alto Paraíso – subdistritos de Bom Retiro, hoje Pato Branco. Ninguém estranhou quando os ucranianos chamaram de Alto Paraíso a região onde se instalaram. O lugar era realmente bonito, com terras férteis e planas a perder de vista. Os ucranianos ergueram uma igreja para celebrar seu rito ortodoxo e construíram um internato para filhos e filhas estudarem. Idione Terezinha Bortot foi a única não ucraniana com permissão para estudar no internato pela amizade de seu pai com José

Novochandley, um dos líderes da comunidade. Nesse núcleo agrícola os ucranianos produziam quase tudo que precisavam. Só dependiam de café, sal, roupas e utensílios domésticos. Tinham boa relação com os vizinhos alemães de Vila Bonita e Passo da Pedra, especialmente com os Rost e os Hasse, que operavam no comércio e indústria de farinha de milho e trigo.

Não havia imprensa na região, as rádios só chegavam com sinal prejudicado pela estática e a maioria delas era da Argentina. Certamente existiam simpatizantes do fascismo ou do nazismo, como acontecia nos grandes centros, com destaque para São Paulo, mas tinham poucas formas de se manifestar ou temiam a polícia. Em verdade, a população ficou bem longe do conflito mundial. O Brasil só foi se definir pelos aliados, Estados Unidos, Inglaterra e União Soviética, no final da guerra – o primeiro grupo de militares brasileiros chegou à Itália em julho de 1944 –, mas tinha criado leis para impedir pessoas de outras nacionalidades de se manifestar, ou até mesmo falar outras línguas que não fosse o português. Giuseppe teve que eliminar algumas das palavras que usava em italiano para evitar problemas com o delegado de polícia, agente público mais respeitado e temido entre os imigrantes, pois tinha o poder de prender, soltar ou deportá-los para os países de origem. Muitos desses imigrantes, entretanto, estavam no Brasil pelo conflito da Primeira Guerra e tinham visão de mundo oposta ao nazifascismo. O respeito às diferenças religiosas e de cultura contribuiu para a formação de pilares sólidos de democracia na região.

Em Belluno pelo menos quatro integrantes da família Bortot se envolveram na luta de resistência ao fascismo. Emílio e Mário morreram em defesa da liberdade e da democracia em uma luta desigual contra os exércitos de Benito Mussolini e Adolf Hitler. Orione e Giovanni Bortot conseguiram sair com vida e vitoriosos na resistência contra a opressão. Orione, com mulher e filha, foi morar em Roma, pois a economia de Belluno ficou destruída com a guerra. Giovanni tornou-se líder sindical e foi eleito duas vezes deputado no parlamento pelo Partido Comunista Italiano (PCI) de Belluno, em reconhecimento à sua dedicação para a reconstrução da democracia e da economia da Itália.

Afinal, um médico

Além do Rio Ligeiro, a localidade era banhada pelo Rio Pato Branco e, a partir de 1938, o distrito, que já tinha sido Vila Nova e Bom Retiro, passou a ser chamado de Pato Branco em documentos oficiais pelos cartórios e pela intendência de Clevelândia. O maior impacto de crescimento econômico e algumas conquistas administrativas na cidade ocorreu em 1943, com a decisão do presidente Getúlio Vargas de criar o território do Iguaçu e a Colônia Agrícola Nacional General Osório (Cango). O governo federal, ao instituir a Cango, pretendia promover o assentamento de colonos gaúchos e catarinenses em uma área de 300 mil hectares nas glebas das missões entre Pato Branco e a fronteira com a Argentina, a 100 quilômetros de distância. A primeira etapa desse processo consistia na abertura de estradas e construção de pontes para acessar Barracão e Laranjeiras do Sul. A estrutura administrativa e gerencial da Cango ficou em Pato Branco, já em condições de oferecer algum conforto em hotel e imóvel para a instalação de escritório. A maquinaria pesada, tratores de esteira, patrolas, máquinas de terraplanagem, caminhões, jipes, e as turmas de engenheiros, motoristas e mecânicos, chegaram à cidade.

Dois anos depois, com aumento significativo de empregados, a Cango incorporou à sua equipe o médico Hamilton Suplicy de Lacerda, para cuidar de seu pessoal. Ao constatar que o médico mais próximo ficava a dois dias de viagem, Lacerda passou a atender também a população de Pato Branco. Um ano após, a cidade receberia o dr. Sílvio Vidal, que, por muito tempo, além de Lacerda, foi o único profissional de saúde da região.

Os gastos da Cango e de seus funcionários movimentaram o comércio e geraram muitos empregos indiretos e serviços de terceiros na manutenção de suas máquinas. A abertura das estradas e as notícias de que Getúlio Vargas havia determinado a imediata ocupação do vasto território, que até 1895 estivera em disputa com a Argentina, fizeram com que o fluxo de colonos gaúchos e catarinenses aumentasse ainda mais. Toda a semana chegavam quatro ou cinco mudanças ao sudoeste para fazer parte do assentamento de terras da Cango. Cada família recebia do governo duas colônias de graça.

Dodge, uma joia de caminhão

Como continuava sendo o único núcleo de comércio e serviços do sudoeste, Pato Branco se beneficiou muito com o fluxo migratório. Os negócios dos Bortot estavam em fase de consolidação, especialmente a atividade comercial. Com dinheiro em caixa, Pedro vislumbrou a oportunidade de investir no seu próprio sistema de transporte para melhorar a eficiência na entrega de madeira e outras mercadorias. Mandou seu filho Abel ficar um mês em União da Vitória a fim de tomar lições básicas de mecânica e providenciar a carteira de habilitação para dirigir veículos pesados, pois queria comprar um caminhão novo para transporte de madeira e mercadorias. Abel já tinha aprendido o básico da condução de caminhão com Inocêncio Martins, que fazia transportes de carga para a família. Quando Pedro chegou à concessionária, um mês após, junto com Abel e uma espécie de mala estofada de dinheiro, o revendedor da Chevrolet abriu um largo sorriso. Sabia a causa da presença do pai do jovem aprendiz de mecânica. A negociação tomou quase toda a tarde. A ideia era comprar o novo Chevrolet Gigante do ano de 1946, que de gigante só tinha o nome em inglês. O caminhão, com motor de 8 válvulas, 136 cavalos de potência e consumo de um litro de gasolina a cada 3,9 quilômetros, conseguia transportar uma carga de no máximo 10 mil quilos. Mas não estava disponível para entrega imediata.

O único veículo que Pedro poderia levar na hora era um Dodge WC 57, com consumo de gasolina, potência e capacidade de carga semelhantes ao Gigante. O velocímetro do caminhão, de três marchas para a frente e ré, indicava que poderia andar até a 80 quilômetros por hora nas estradas esburacadas da época. A pessoa que tinha feito a encomenda do Dodge, há meses, não conseguira crédito no banco na hora de concretizar o negócio. Esse não era o problema de Pedro. Estava com dinheiro na mala, pois tinha costume de só comprar qualquer bem à vista. A demora no fechamento do negócio acabou ocorrendo mais pelas indagações sobre o funcionamento do veículo do que pelo preço, embora tenha conseguido um bom desconto.

Pai e filho – este dirigindo – saíram naquela "joia de caminhão", em uma cabine com banco de couro e painel todo cromado. Os acessórios eram compostos por jogo de chaves para desmontar carburador, macaco, chave de roda, manivela para fazer funcionar o motor e um jogo de correntes para ser usado nos pneus quando a estrada estivesse com muito barro.

As recomendações do vendedor, um senhor vestindo macacão azul muito limpo e bem passado, incluíam que em "nenhuma hipótese" poderia deixar baixar o nível do óleo do motor e da água no sistema de resfriamento. Deu também instruções de como limpar o carburador e o platinado, pois a poeira da estrada poderia comprometer o desempenho dessas peças. Ou seja: o motorista também seria uma espécie de mecânico para resolver problemas que poderiam ocorrer naquelas estradas longe de tudo. Aliás, enquanto voltavam para Pato Branco, pai e filho comentavam a tristeza que seria colocar um caminhão tão bonito naquelas estradas barrentas e esburacadas. Além da sua primeira finalidade de transporte de mercadorias, o Dodge divertia a família e os amigos. Sempre havia alguém com a ideia de passeio no fim de semana.

Em 1946, a instalação do telégrafo colocaria Pato Branco em conexão com os grandes centros do país. A infraestrutura de transportes e de comunicações contribuía para diminuir o isolamento das pessoas.

Em 29 de junho de 1948, a igreja criou a paróquia de Pato Branco, um passo importante para dar conforto espiritual àquela população católica. O bispo dom Carlos Sabóia Bandeira de Mello promoveu a solenidade que deu posse ao franciscano Corbiniano Koesler como primeiro vigário da Paróquia de São Pedro. Os registros legais foram feitos na presença de convidados especiais e autoridades, como o juiz de paz, o subprefeito e cidadãos da comunidade, entre eles, Pedro Bortot, que havia participado da construção de uma nova igreja matriz e sempre deu apoio aos padres que percorriam a região. Entre os anos 1940 e 1950 houve uma grande migração de agricultores da Alemanha, da Polônia, da Ucrânia e da União Soviética para Pato Branco. Alguns tinham vindo diretamente de seus países em função da Segunda Guerra Mundial. Outros vinham de Erechim, no Rio Grande do Sul, cujos ascendentes haviam migrado para o Brasil na guerra de 1914 a 1918. A presença dessas populações teve um impacto nos costumes, na religião, na cultura e na formação política das pessoas. A convivência de luteranos, cristãos ortodoxos e católicos sempre foi respeitosa na comunidade, assim como na política. O isolamento naquele fim de mundo contribuiu para unir culturas diversas e para consolidar relações de camaradagem, como no caso dos Bortot, Vieira, Bertani, Pastro, Rost, Hasse, Balon, Kovalski, Tatto, Salomoni, Bonamigo, Koslinski, entre outros.

Erva-mate, um novo investimento

Por volta de 1948, Giuseppe recebeu longa carta do irmão com notícias dos seus empreendimentos e falando das oportunidades que ainda existiam em Pato Branco. Pedro informou que estava implantando uma indústria de erva-mate para atender à demanda do mercado externo, mas já pensando no aumento da migração de colonos gaúchos. A produção do Brasil em 1946 tinha sido de 17.246 toneladas. A maior parte era destinada ao mercado externo. O consumo per capita de 6 quilos anuais no Rio Grande do Sul indicava que a expansão do setor não tinha limites. A quantidade que se produzisse teria demanda e bons preços.

Preocupado com ganhos na balança comercial do Brasil e com impostos que poderia arrecadar, o presidente da República, general Eurico Gaspar Dutra, atualizou toda a legislação do Instituto Nacional do Mate (INM) para estabelecer cotas de produção, de industrialização e de exportação, além de fixar preços dos produtos comercializados. Argentina, Uruguai e Chile, desde o começo do século, eram os maiores importadores da erva-mate produzida no Rio Grande do Sul e em Santa Catarina. A erva do Paraná era comercializada apenas com os argentinos, que a utilizavam numa mistura com a produção de suas ervateiras.

A erva-mate fazia parte da chamada economia informal do Paraná nos anos 1920 e 1930, com a presença de um representante da indústria argentina, Luiz Pastorisa, em Pato Branco. O escritório da Pastorisa comprava toda a safra paranaense. Para a colheita das folhas, muitos caboclos se dedicavam ao corte das árvores, que havia em abundância em qualquer lugar do sudoeste e também mão de obra. Faltava apenas a indústria para completar a cadeia produtiva. Giuseppe e Pedro decidiram investir no negócio. Em 16 de setembro de 1946, três dias depois de um decreto de Dutra permitir a industrialização de mate por cooperativas de produtores, a empresa Irmãos Bortot Ltda. recebeu autorização do Ministério da Agricultura para instalar sua indústria, assinada pelo presidente do Instituto Nacional do Mate (INM), Manoel de Oliveira Franco Lobos. A empresa foi um sucesso. A disponibilidade de árvores era muito grande em toda a região. Uma parte da produção dos irmãos Bortot foi destinada ao mercado interno e a outra para exportação. A indústria operou até perto dos anos 1970.

Giuseppe conversou com a mulher e os filhos sobre a possibilidade de também eles se mudarem para Pato Branco, para dirigir a indústria de erva e implantar projetos na área de serviços, como o ramo da hotelaria. Todos acharam a ideia interessante (Angela nem tanto), mas se entusiasmaram mesmo foi com a possibilidade do reencontro familiar. Em 1948, Giuseppe e Angela decidiram ir a Pato Branco para avaliar outras iniciativas e oportunidades. Se tudo desse certo, seus filhos Domingos, Dórico Serafim e Idolinda, assim como as filhas casadas, Idele, Eulália e Joanna, com seus respectivos maridos, Atílio Guzzo, Avelino Guzzo e Alberto Conte, iriam mais tarde e, talvez, Heleodoro, que estava em Porto Alegre.

Giuseppe e Angela fizeram o mesmo caminho de Pedro e sua família dezessete anos antes, mas dessa vez de automóvel até Pato Branco. Giuseppe ficou muito bem impressionado com os empreendimentos do irmão nas áreas de madeira, moinhos, comércio e transportes. O patrimônio acumulado superava de longe tudo que os Bortot tinham conseguido em 50 anos de Brasil. "Pena que nossos pais e avós não estejam aqui para ver isso. Estariam cheios de orgulho", comentou Giuseppe.

O destino de Angela

Angela enfrentava conformada os desafios que a família teria pela frente. Com a mudança, começava tudo de novo. Quando trocaram a Serra Gaúcha por Paim Filho teve a mesma sensação de perda, de parte da vida ter ficado presa no passado. E agora era do Rio Grande do Sul que ia embora. Deixava hábitos exclusivos dos gaúchos e não sabia exatamente com quais teria que conviver no sudoeste. Angela, porém, percebia que os filhos simpatizavam com a mudança e ela tinha algo de estoico, se adaptaria ao novo estágio. *"Questa è a vida, que abbiamo viver como se può"*, dizia na fusão de línguas própria de Paim Filho. Na companhia do marido, foi conhecer Pato Branco e participar da decisão da compra de terreno na cidade onde seria construída a casa para a família e um hotel. Uma área boa de terra acabou também sendo comprada no Distrito de Canela, destinada ao cultivo de alimentos e à criação de animais. O passo seguinte foi a construção da casa para acomodar a família. No mesmo terreno seria o hotel. Meses depois dessas providências, Domingos e Luiz Chioquetta, experientes em transporte de cargas, fizeram a viagem de 12 dias entre Paim Filho e Pato Branco em dois carroções com parte da mudança como camas, móveis e ferramentas de marcenaria. Conduziam ainda uma pequena tropa de vacas, bois e cavalos. O restante, como roupas, louças, máquina de costura, iriam de caminhão, para não haver riscos de estragos.

O desastre

Tudo foi muito rápido. A vida se foi sem chance de qualquer despedida. Um tonel com 200 litros de gasolina desprendeu-se da carroceria do caminhão, que fazia piruetas no ar e caiu sobre o corpo de Angela, arremessado de dentro da cabine para o chão da estrada. Só foi possível saber que embaixo do tonel havia uma pessoa morta porque as pernas ficaram à vista, expostas na lama.

Em 2020, Gelci Guzzo é a única pessoa viva entre os presentes na trágica migração da família de Giuseppe para o Paraná.

Gelci Guzzo:
"Só tive noção do acidente na hora em que estava de pé no meio da estrada, vendo um monte de coisas espalhadas e ouvindo os gemidos de pessoas feridas. O *nonno* Beppe (Giuseppe) estava com um grande corte na cabeça que sangrava e olhou para mim, chorando muito. Perguntei onde estava a *nonna*. Ele disse que estava sem vida, embaixo de um tonel do caminhão. Nesse momento chegou uma mulher de uma serraria em frente à estrada e me levou para a casa dela para limpar o sangue que escorria no meu rosto. Em seguida, me deu café e fiquei ali até que um carro dessa família levou todos os feridos pro hospital. Na hora do acidente eu vinha dormindo no colo da minha avó com os pés esticados no banco em direção ao motorista."

Quem dirigia o caminhão no momento do acidente não tinha carteira de habilitação e nenhuma experiência na condução de um veículo de carga como aquele, que transportava três mudanças e algumas pessoas na carroceria. Desidério Schinatto, motorista habilitado e experiente, foi contratado para fazer a mudança, mas logo depois do início da viagem passou a direção ao seu sócio, que insistiu em dirigir.

A primeira investida do sócio para tomar a direção foi na partida de Paim Filho. Schinatto explicou a ele que o trecho de estrada até Marcelino Ramos tinha muitas subidas, descidas e curvas. Era muito perigoso dirigir ali, por causa da altura da carga. Em Maximiliano de Almeida parou, por volta das 6 horas da manhã, para examinar os pneus, e o sócio voltou a insistir na vontade, ou no que considerava direito, de dirigir o caminhão.

Quando saíam de Marcelino Ramos, percorridos uns três quilômetros num planalto com estrada plana, resolveu entregar a direção para evitar que o sócio ficasse mal-humorado no resto da viagem. Schinatto se instalou em cima da mudança, na carroceria, para conversar com os demais viajantes.

Cerca de 30 minutos mais adiante, Giuseppe, que também viajava na carroceria, sentiu o corpo girar de um lado para outro, viu o céu vir para baixo e depois o corpo ficar colado no solo. Mesas, cadeiras e outros escombros da mudança, caídos sobre ele, prendiam-lhe o corpo à lama e à água empoçada que chegava até seus olhos. Giuseppe morreria afogado se não empurrasse a lama pelos pés para que entrasse ar pelo nariz, pois ficou preso entre o escombro da mudança e o barro. Assim se que desvencilhou, pediu por socorro. De pé, viu o enorme tambor sobre o corpo inerte de Angela. Apenas as suas pernas estavam visíveis. O restante ficou esmagado e enterrado na lama com o peso de 200 litros de um tonel cheio de gasolina. "O caminhão estava com os pneus traseiros em uma espécie de banhado e os dianteiros no meio da estrada. As roupas e objetos das famílias, tudo quebrado e espalhado na estrada", diz Gelci Guzzo sobre a imagem que guarda em sua memória desde os quatro anos de idade.

A velocidade com que o sócio dirigia fez o caminhão, com mais de sete toneladas de carga, tombar de lado duas vezes para cair de pé, sem qualquer dano na lataria e na carroceria. Na primeira vez que rodou, as pessoas e a mudança foram lançadas ao chão. Na segunda, a carroceria rodou sobre elas. A porta da cabine abriu e Angela foi jogada na lama e sobre ela caiu o tambor de gasolina que vinha na parte da frente da carroceria. Desidério Schinatto e Regina Zanella morreram com o impacto da carga da mudança e afogados no banhado. O filho mais novo de Giuseppe, Serafim, quebrou um dos braços, e o filho do sócio de Schinatto teve uma perna quebrada. Os feridos ficaram internados em um hospital de Erechim, enquanto os corpos de Angela, Regina e Desidério foram levados para Paim Filho para serem velados e enterrados no dia seguinte. O velório foi na casa de Francisco Zanella, que estava inconformado com a perda da irmã e da sobrinha. A comunidade de Paim Filho ficou chocada com as circunstâncias da tragédia, que mereceu reportagem num jornal de Erechim, que relatou como ocorreu o acidente e publicou fotos dos mortos no local.

O sócio do caminhão era irmão de dois genros de Giuseppe, Atílio e Avelino, casados respectivamente com Idele e Eulália. Comentários sobre a tragédia poderiam criar constrangimentos e desavenças com filhas e netos. Giuseppe nunca falou das circunstâncias do acidente, silêncio observado por todos os demais.

Mau pressentimento

O transportador, Desidério Schinatto, havia combinado o frete da mudança com a ressalva de que os pertences de Giuseppe não eram suficientes para uma carga completa. Por isso levaria também outra mudança. Ao chegar à casa de Giuseppe, informou que já tinha no caminhão duas mudanças, mas que não haveria prejuízo a Giuseppe, pois seus pertences eram mais leves por se tratar de louças e roupas e ficariam bem em cima da carga. Muitos móveis já tinham sido enviados de carroção e outros seriam comprados em Pato Branco. Giuseppe notou o tambor de gasolina na mudança alheia e perguntou se não havia perigo de vazar e causar algum incêndio. O motorista disse que levava a gasolina para a hipótese de não encontrarem combustível na estrada e que o tambor estava bem amarrado, com a tampa rosqueada. A própria acomodação de objetos na carroceria ajudaria a mantê-lo preso. Mesmo contrariado por estar diante de uma situação que fugia ao combinado, Giuseppe preferiu não discutir para evitar a frustração de todos que esperavam viajar já na madrugada seguinte.

    À noite, na casa do cunhado Francisco Zanella, Angela teve um momento de hesitação. Perguntou ao marido se, na idade deles, seria a decisão mais acertada embarcar numa nova aventura. Lembrou a vida que levavam em Paim Filho, onde viram crescer seus oito filhos, alguns agora já casados e também com filhos. "*Abbiamo una vita beata. Molto felice, Beppe*", disse Angela. A família estava reunida e rolou uma lágrima pelo rosto dela quando alguém lembrou de Mário, filho mais velho, que morreu por erro médico numa operação de apêndice. Francisco aproveitou para dizer que deveriam desistir da viagem. "Eu e Rosina, que já resolvemos ficar, vamos nos sentir muito sozinhos. Descarreguem a mudança", disse Francisco se referindo a Rosa. "Não dá mais. Já estamos com filhas e filhos no Paraná", disse Giuseppe. Apenas Idolinda ficaria em Paim Filho alguns meses para concluir seu curso de corte e costura. Ela iria depois para se encontrar com o noivo, Porsídio Chioquetta, e se casar mais tarde. "É a vida e nosso destino", disse Angela para o irmão Francisco. E acrescentou: "Tudo vai dar certo. Volto para te visitar no ano que vem".

    Acordaram por volta das 4 horas da manhã, e, antes de iniciar a viagem, Angela chegou a dizer que não tinha bons pressentimentos sobre a jornada que iriam começar, mas não conseguiu ir adiante na conversa, pois o sócio do caminhão a interrompeu para alertar que chegara a hora das despedidas dos parentes e amigos. E de partir. Teriam pela frente 380 quilômetros e desejava estar em Pato Branco no final do dia. O sócio chegou a sentar-se ao volante, mas Desidério Schinatto o convenceu de que seria melhor ele, Desidério, dirigir, devido à escuridão e às más condições da estrada. Quando já tinham percorrido uns 50 quilômetros, o companheiro assumiu a direção. Gelci lembra que a avó lhe disse no ouvido que estava com *paura* devido à velocidade e aos solavancos do veículo. Foram as últimas palavras que Gelci ouviu da avó.

A notícia do acidente com mortes de um grupo de imigrantes gaúchos a caminho do Paraná chegou a Pato Branco pelo noticiário da Rádio Farroupilha, de Porto Alegre, ao meio-dia de 27 de abril de 1948. Domingos e suas irmãs Idele e Eulália, que estavam em Pato Branco, ficaram desesperados. No primeiro momento não acreditaram no que as pessoas diziam ter ouvido no rádio. Só aceitaram a situação quando Pedro informou que recebera um telegrama confirmando a morte de Angela. Domingos e as irmãs foram em uma camionete para o Rio Grande do Sul. À noite passaram no hospital de Erechim onde estavam internados Giuseppe e Serafim. Como os dois estavam fora de risco de morte, seguiram os três irmãos para o velório da mãe, da prima e do motorista em Paim Filho. Heleodoro, em Porto Alegre, ficou sabendo da morte da mãe no final do dia 27. Só conseguiu chegar a Paim Filho no dia seguinte, após o enterro.

A morte afetou a todos nós

Angela nasceu em Feltre, pequena cidade de 10 mil habitantes ao lado de Belluno, no Vêneto. Chegou ao Brasil com cinco anos de idade. Desde a infância e a adolescência foi muito determinada. Encantou-se muito jovem com seu vizinho Giuseppe, órfão de pai. Tinham em comum essa semiorfandade, pois ela perdera a mãe pouco depois de chegar ao Brasil. A diferença foi que seu pai, Sebastião, casou-se de novo e constituiu outra família.

Anna Molinet, ao contrário, ainda jovem e bonita, manteve a viuvez por toda a vida. Giuseppe e Angela, depois de muitos anos de namoro e noivado, casaram na igreja que hoje leva o nome de Caravaggio, em Farroupilha, em 5 de setembro de 1906. Giuseppe, com 22 anos, e Angela, com 20, iniciaram uma nova família de muitos filhos educados nas normas da Igreja e em valores dos seus antepassados italianos. Com todos os filhos adultos e os netos já adolescentes, Angela demonstrava a mesma energia de quando jovem, a mesma disposição para o trabalho e ideias avançadas para uma mulher do interior do país nos anos 1940, o que dava satisfação a Giuseppe. Muito do sucesso dele nos negócios se devia à dedicação e ao companheirismo de Angela. Os filhos foram criados com liberdade, dentro de uma visão humanista e de respeito ao próximo. Giuseppe tinha muita calma para ouvir e falar. Nas reuniões de família sempre surpreendia os interlocutores com alguma expressão de humor sobre o cotidiano, inspirado nos vizinhos ou nos próprios Bortot.

Cinco dias após o acidente, Giuseppe e Serafim receberam alta do hospital e voltaram a Paim Filho para se despedir da mulher e da mãe. Viajaram de ônibus, pois não tinham mudança para levar. Tudo se perdera. Não conseguiram recuperar nem mesmo documentos e fotos de família, destruídos no meio da lama. Além dos sonhos, ficaram na estrada os lençóis, toalhas, copos, pratos e talheres que levavam para abrir o hotel em Pato Branco. A vida de Giuseppe nunca mais seria a mesma. Pagou um preço alto pela perda da querida companheira e pela decisão de esquecer o episódio. O único consolo, se é que havia motivo para isso, era a constatação que reconhecia ter atingido "o topo da montanha da vida". Tinha agora perto de meia centena de filhos, netos e sobrinhos. Ao praticar "o justo e o adequado" por onde passaram, os Bortot construíram patrimônio de credibilidade, sempre cuidado com o maior zelo por todos os seus integrantes: valores humanitários que acabavam tendo prioridade até mesmo sobre resultados financeiros.

O projeto do hotel, sem Angela, não tinha mais sentido. Na divisão de trabalho da família, ela é quem cuidaria do empreendimento. E demonstrava vocação para este tipo de atividade. Além disso, parte dos recursos que seriam destinados ao negócio, e mesmo o dinheiro obtido com a venda das terras de Paim Filho, deveriam agora, por direito de sucessão, ser divididos entre os herdeiros. O dinheiro continuaria na família, só que em mãos diferentes, e, no final, poderia trazer bons resultados com outros empreendimentos. Os filhos teriam liberdade de fazer o que desejassem.

Domingos e Serafim compraram um caminhão FNM, montado pela Fábrica Nacional de Motores, para transportar madeira de Pato Branco a União da Vitória, Curitiba e São Paulo, atividade que, na época, envolvia a maior parte da população da cidade. O trabalho exigiu por muitos anos um esforço intenso dos dois irmãos, que se revezavam nas viagens de uma a duas semanas em precárias estradas de terra de Pato Branco a União da Vitória e a Curitiba. Parte dos lucros, na realidade, ficava nas oficinas mecânicas para o conserto de ponta de eixo e de outros defeitos provocados pelo peso da carga e pelos buracos e a lama das estradas. Enquanto os filhos trabalhavam com transporte, Giuseppe continuou com a indústria de erva-mate em Passo Preto, trabalhando nas terras na localidade de Canela, distante 20 quilômetros de Pato Branco, e na construção de uma grande casa para os genros na Rua Guarani, cujas obras tinham se iniciado antes do acidente. Quando havia alguma folga, se dedicava a construir carroças em parceria com Pastro, seu vizinho e competente artesão de madeira e ferro. Esse tipo de carroção tracionado por cavalos era o meio de transporte da maioria absoluta da população na área agrícola. O importante para Giuseppe era ver que os filhos se encaminhavam em seus próprios negócios. Ele estava disposto ao trabalho, apesar da profunda tristeza, que se manifestava nos longos momentos de silêncio, mesmo quando cercado de filhos e netos.

"A mágoa da minha mãe era grande, mas nunca falou sobre como minha *nonna* morreu", disse Gelci.

Um ônibus para a fronteira

A migração de gaúchos para o Paraná registrava, de tempos em tempos, imprevistos e fatalidades, mas não na dimensão da que se abateu sobre os Bortot. As pessoas estavam expostas a muitos perigos, em especial quando se dirigiam às terras próximas da fronteira com a Argentina. O governo abriu uma estrada entre Pato Branco e Barracão para dar segurança e melhor comunicação aos colonos que se estabeleciam no território. Como só Pato Branco contava com lojas, alguns médicos e advogados, a população fronteiriça se deslocava para lá com frequência para se abastecer no comércio ou encomendar serviços. Pedro percebeu, no ano de 1948, a oportunidade de abrir uma linha regular de ônibus para transportar essas pessoas. Comprou em São Paulo um veículo quase novo para fazer o trajeto Pato Branco-Barracão. O ônibus fazia a ida em um dia e a volta no outro, devido à precariedade da estrada e ao "pinga-pinga" de passageiros pelos povoados por onde passava. O Chevrolet Gigante conseguia transportar 18 passageiros sentados e uns dez de pé. No bagageiro, além das malas, carregava embalagens com gasolina e um jogo de correntes que revestia os pneus toda a vez que chovia nas estradas. O motorista, cobrador e, às vezes, mecânico era Domingos.

Embora tivesse muitos filhos e genros interessados no ofício, Pedro escolheu o sobrinho pelo seu passado de transportador de vinho e outras mercadorias de Paim Filho a Marcelino Ramos em carroças de mulas e pelo jeito respeitoso e cordial com que tratava as pessoas. Domingos tinha 1,81 metro de altura, braços fortes, um rosto alongado típico dos italianos, pele morena, sempre muito bem vestido com ternos de casimira feitos sob medida, chapéu de feltro preto e botas de cano alto para não sujar as calças nos atoleiros. Só calçava sapatos para ir a casamento, batizado e à missa. Aprendeu o ofício de conduzir máquinas de guerra, carros e atirar com armamento de longo alcance quando prestou serviço militar no quartel do Exército de Santiago do Boqueirão, nas Missões. Tinha uma das melhores pontarias na caça de aves, não perdia um tiro.

O início e o fim da viagem eram em frente à loja de Pedro. Um cartazete informava que as passagens só seriam vendidas a dinheiro, mas quando os passageiros tomavam o ônibus no meio do caminho era comum pagarem com galinhas, porções de feijão ou de milho. Domingos aceitava. Até médicos recebiam um leitãozinho como paga de consulta. Com o tempo, ele observou que passageiros que desembarcavam ou embarcavam nos matagais fora do perímetro urbano de Barracão eram pistoleiros fugitivos da polícia. Havia também os *malabranca*, passageiros que revestiam as malas de sacos de pano reaproveitados de farinha de trigo para protegê-las da poeira que entrava no bagageiro do ônibus. O problema era a demora e confusão na hora de identificar o dono da mala nos desembarques, uma vez que todas eram iguais. O "malabranca" virou sinônimo de pessoas que criavam confusão para Domingos. Quando um filho fazia algo de errado, ou outras pessoas, Domingos os chamava de *malabranca*. O pioneiro negócio de transporte foi um sucesso. Um ano após sua implantação, foi comprado um segundo ônibus para que as viagens fossem diárias.

Compras só à vista

Os negócios de Pedro andavam de vento em popa. Seu prestígio junto aos colegas de comércio, autoridades e fornecedores vinha do seu jeito sério de trabalhar. Suas empresas tinham registro na coletoria do governo do Paraná e os impostos eram sempre pagos em dia, mesmo quando a repartição pública mais próxima estava a 90 quilômetros de distância, em Palmas. A preocupação com a legalidade e a formalidade dos seus empreendimentos fazia parte do desejo de ver o povoado se transformar em uma cidade de verdade. Quanto maior fosse o número de empresas e de impostos arrecadados, maior seria a presença de educação, saúde e segurança. A sua indústria de madeira tornava-se cada vez mais lucrativa, em consequência da valorização do produto e também do transporte de cargas que fazia entre Pato Branco e União da Vitória. Seus caminhões levavam a madeira e voltavam com mercadorias que seriam vendidas em sua própria loja. Com prestígio em alta, muitas vezes Pedro recusou convite para fazer parte da política com o argumento de que ao cumprir bem com suas obrigações de cidadão estaria fazendo sua parte pelo bem comum. O único integrante da família que seguiu por duas legislaturas (1960-1962) na Câmara de Vereadores de Pato Branco foi seu genro, Candido Merlo, pelo Partido Trabalhista Brasileiro (PTB), fundado por Getúlio Vargas. O filho Abel, embora muito popular e com possibilidade de seguir o mesmo caminho do cunhado, gostava mesmo era de cuidar da logística dos transportes e viajar pelo Brasil.

Severino e Eleutério se revezavam na produção dos moinhos e na direção da serraria, o que incluía o trabalho de derrubar e trazer o pinheiro das matas. No início, usavam carroções puxados por mulas; caminhões só a partir de 1946. O milenar pinheiro, a araucária, teve origem há mais de 200 milhões de anos. São árvores com grande aproveitamento na produção de tábuas por causa da sua resistência. Sua altura pode chegar a 50 metros com diâmetro de 2 a 3 metros. Tem uma casca rugosa de uns 15 centímetros que sempre foi muito usada para fazer cercas, casas rústicas e galpões. Na copa em formato de candelabro, produz o pinhão, fruto muito apreciado pelos animais da floresta e pelos caboclos. Na floresta de pinheirais vive a gralha-azul. No inverno, a ave retira o pinhão das árvores para se alimentar, debulha-o, leva para longe e o enterra para estocar. Enterra e esquece, segundo dizem os caboclos. Com isso, a araucária germina e cresce em outro local, numa contribuição para a disseminação de pinheirais. Severino e Eleutério, com a ajuda de empregados, tinham que derrubar a árvore, cortá-la em dois ou três pedaços e transportá-la até a serraria, onde virava tábuas de largura e comprimento de agrado do cliente. Se, com toda a tecnologia de hoje, de motosserra e caminhões com guindaste, é complicado derrubar e transportar um pinheiro, imagine-se o penoso trabalho nas décadas de 1940 e 1950, com equipamentos rudimentares. Pedro também se envolvia nessas atividades, mas sua tarefa maior consistia em gerenciar os fluxos dos insumos e tomar a decisão estratégica da melhor escolha diante de diversas alternativas. Os filhos tinham suas opiniões e as manifestavam, mas nunca desrespeitavam a decisão final do pai. As finanças deveriam ser administradas segundo um planejamento que preservasse recursos para novos investimentos. Pedro repetia as recomendações de seu avô, o italiano Giuseppe, de que só se deveria comprar qualquer coisa com dinheiro no bolso. Nunca a prazo.

Como no Brasil o capital sempre esteve concentrado na mão de poucos banqueiros e grandes empresários, o custo do dinheiro para financiamento era (e ainda é) muito alto. Assim a estratégia de Pedro sempre foi a de juntar primeiro o recurso para depois comprar os caminhões que usava no transporte e as máquinas para a serraria. Com ativa participação de filhos e filhas – dos treze, Graciolina e Setembrino eram muito pequenos – na produção dos moinhos, da serraria, dos transportes e da loja, era um negócio familiar, com exceção dos empregados que recebiam salários mensais. Os filhos casados e genros recebiam recursos para atender suas necessidades de subsistência, compra de roupas, e retiradas maiores quando precisavam construir uma casa ou adquirir bens domésticos, ou mesmo um automóvel. Não havia nesta relação um regime de empregado e patrão. Tudo que tinha sido conquistado pertencia a todos. Embora os filhos e filhas mais velhos tivessem protagonismo maior na frente dos negócios, nunca a idade (ou o gênero) foi critério na hora que alguém precisava montar uma casa para casar ou adquirir qualquer bem de uso pessoal.

─────◆─────

O Diabo no Baile de Aleluia

Um dos genros de Pedro, Angelin Merlo, muito criativo e inteligente, foi morar em uma colônia agrícola no Distrito de Ipiranga, próxima ao Alto Paraíso, comunidade de imigrantes ucranianos. Angelin, casado com Rosa Bortot, tinha uma propriedade bem estruturada nos melhores padrões de seus ancestrais italianos. Produzia de tudo, inclusive vinho e cachaça. Gostava muito de uma prosa regada a uma roda de chimarrão.

Angelin costumava narrar a seguinte história, onde ficava a dúvida de tratar-se de uma criação literária ou um fato verídico. Segundo ele, no encontro dominical ouviu uma conversa entre favoráveis e contrários à realização de um baile no pavilhão da igreja. A divergência devia-se ao fato de a festa ocorrer no sábado de Aleluia, último dos 40 dias de Quaresma, período de penitência. Na noite do domingo de Páscoa, ninguém queria a festa, pois no dia seguinte tinham de trabalhar. Acabou vencendo a turma do baile no sábado, pois era uma data de comemoração do padroeiro da paróquia e o santo resolveria o pequeno problema com seus superiores, pois a partir da zero hora já não estariam mais no pecado.

Em casa, Angelin ficou com o assunto na cabeça enquanto tomava um gole da sua cachaça para abrir o apetite. E ocorreu-lhe dar um susto nos festeiros. Quando o baile já estava um pouco depois da meia-noite, portanto, fora da Quaresma, entrou no salão um sujeito montado num cavalo preto com capa preta e lenço vermelho cobrindo o nariz e a boca. Deu meia-volta e disparou meia dúzia de tiros para o alto. As pessoas fugiram desesperadas por janelas e pela única porta do galpão. O cavaleiro deixou o salão a galope e desapareceu mato adentro. As pessoas ficaram divididas entre as que acharam que era o próprio demônio e as que atribuíram o fato aos bandidos da Citla, uma madeireira em permanente conflito com os posseiros e que tentava resolver a tiro as suas pendências. Na casa de Angelin, só Rosa notou que o marido tinha se levantado no meio da noite para "ver algum barulho no chiqueiro". Os objetos que usou no disfarce faziam parte de sua indumentária, só teve o trabalho de pintar o cavalo de preto para evitar que fosse identificado por algum vizinho.

Ônibus semelhante ao da família Bortot que fazia a linha Pato Branco-Barracão.

O terrível acidente e as perdas na família Bortot (publicado em jornal de Erechim).

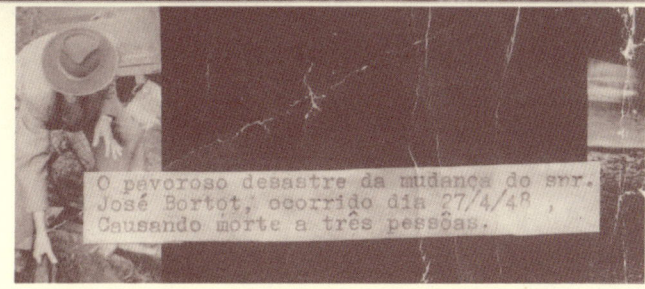

O pavoroso desastre da mudança do snr. José Bortot, ocorrido dia 27/4/48, causando morte a três pessoas.

Mari, com sua avó Gazzola e primas, em Caxias do Sul.

Mari, Fátima, Domingos, Ivanir, Idione e Joel.

Capítulo
7

NIETZSCHE E MARX NA BIBLIOTECA

Os cinco filhos de
Anna e Bortolo.

Outro episódio, verdadeiro e mais recente, na vida dos Bortot em Pato Branco foi o de um vendedor de livros de São Paulo que bateu na casa de Mari, nora de Giuseppe e mulher de Domingos, lá pelo final do ano de 1960, oferecendo uma coleção de livros que iria "mudar a vida" dos seus filhos. O conjunto de 12 obras em edição de capa dura, azul, tinha como título *Grandes mestres do pensamento*, com direção editorial de José M. Ponte. Não constava o nome da editora, apenas a informação de que fora especialmente impresso em papel da Cia. Suzano de Papel e Celulose. O vendedor foi enfático ao afirmar que se os filhos de Mari lessem a coleção completa teriam grande sucesso na vida, pois as obras daqueles mestres do pensamento lhes dariam "muito conhecimento". "E quem são esses pensadores?", indagou ela. O mascate explicou que se referia a Erasmo de Roterdã, Immanuel Kant, Adam Smith, Friedrich Wilhem Nietzsche, Karl Marx, entre outros. Mari não tinha a mínima ideia de quem eram esses escritores, mas o fato de ter sido mencionado também como autor das obras um padre católico, o padre Antônio Vieira, o único de quem já ouvira falar, foi decisivo para a compra da coleção completa. Os livros ficaram intocáveis por quase uma década. Só na adolescência alguns dos filhos de Mari conseguiram ler ou entender alguma coisa das obras, como *O elogio da loucura*, de Erasmo de Roterdã, Arthur Schopenhauer e os sermões do padre Vieira. No entanto, a visão niilista do mundo de Nietzsche, o imperativo categórico de Kant ou a mais-valia de Marx não entravam na cabeça daqueles jovens. Mesmo após a formação superior, as pessoas que não se dedicaram à filosofia teriam dificuldade de entender a visão de mundo daqueles pensadores – mas Jeca, já aos 14 anos, considerou poético o "tudo que é sólido desmancha no ar", de Marx. O resto do *Manifesto* ele entenderia bem mais tarde. Com o olhar de hoje ficou a ideia de que, pelo menos em Pato Branco nos anos 1960, havia alguém com o *Assim falou Zaratustra* na biblioteca.

———•◆•———

"Será a mesma doença da mãe?"

A virada de 1953 foi celebrada no casarão de madeira dos Bortot como um final de ano de grandes alegrias pela consolidação dos negócios. O sucesso dos empreendimentos de Pedro Bortot virou orgulho que ia além da família, pois contribuía com o progresso da cidade ao gerar oportunidades de emprego e renda em Pato Branco. Para ele estava tudo perfeito, a família unida, os netos ao redor da árvore de Natal na abertura dos brinquedos e o jantar farto. A única nota destoante num quadro de harmonia ocorreu na hora de deitar-se. Pedro sentiu uma leve dor de estômago. Pensou que deveria ser o copo a mais de vinho que bebera depois de comer. A dor retornou na madrugada um pouco mais intensa, mas não durou e ele voltou a dormir. No café da manhã comentou o desconforto com a filha, Rosa. Esta preparou-lhe um chá de losna. A conversa ou o chá produziram resultado e esqueceu o incômodo até o churrasco de domingo, três dias depois, marcado com Giuseppe e sobrinhos em um bosque junto ao Rio Ligeiro. Depois de almoçar, a dor voltou. "Será que peguei a mesma doença da mãe?", perguntou ao irmão. Anna Molinet morreu de úlcera no estômago. "Não deve ser doença que passa de mãe para filho, mas vá ao médico para se tranquilizar", respondeu Giuseppe. Pedro, no entanto, permaneceu preocupado, lembrava-se do sofrimento da mãe, durante anos imobilizada em uma cama.

O doutor José Carmelindo de Miranda não conseguiu chegar a um diagnóstico preciso sobre as causas das dores, mas recomendou cuidado com a alimentação e evitar qualquer bebida alcoólica para não agravar o quadro. Receitou alguns remédios para proteger o estômago e aliviar a dor e pediu para voltar se os sintomas não desaparecessem.

Os remédios produziram efeito e Pedro esqueceu as causas de seu desconforto. Um mês após estava em União da Vitória para entregar uma carga de madeira e acertar um contrato de exportação de erva-mate quando foi surpreendido pela dor na barriga. Na noite anterior exagerara na bebida, estava um pouco ansioso com a operação comercial e não descera bem o café preto que tomara. Foi ao sanitário mais vezes do que costumava e, como a dor não passava, procurou um médico. Este disse que as cólicas provavelmente eram consequência de alguma inflamação no intestino grosso causada por alguma bactéria. O exame em laboratório deu negativo para bactérias. Novamente medicado, aliviado da dor, voltou a Pato Branco. Este quadro da doença levou meses.

———•◆•———

A morte do pioneiro

Pedro não dava muita atenção às suas pequenas dores, envolvido que estava nos negócios. Como bom e dinâmico *workaholic*, considerava que, sem sua presença diária à frente das empresas, haveria transtornos e descontinuidade no trabalho. Em verdade, a condução administrativa estava mais na sua cabeça do que nas mãos dos filhos e colaboradores. Poderia, por exemplo, ir atrás de médicos em São Paulo ou Porto Alegre, pois nessa época já existiam viagens de trem consideradas rápidas para as duas capitais.

Nas primeiras semanas de abril as dores voltaram, fortes. Os alimentos não paravam no estômago. O médico receitava novos remédios, mas Pedro, cada vez mais debilitado, sem forças para caminhar, passava a maior parte do tempo na cama, onde dava orientações sobre um assunto e outro aos filhos e genros. Embora começasse a desconfiar da gravidade da doença, não passava pela sua cabeça coisa pior. Nunca tinha pensado em preparar um dos filhos para substituí-lo à frente dos negócios. Com 60 anos, imaginava uma vida ainda produtiva e longa pela frente.

Às 16 horas do dia 22 de abril de 1953, o coração de Pedro parou de bater. Morria o homem que, em 22 anos em Pato Branco, construíra fortuna na indústria e no comércio, e, além disso, deixava cerca de 200 alqueires (500 hectares) de terra grudados na cidade. Nesse período, tornou-se inspiração e exemplo para outros pioneiros gaúchos que acreditaram nas oportunidades do sudoeste paranaense.

No atestado de óbito, o médico José Carmelindo de Miranda atribuiu a causa da morte à doença que vinha tratando, uma colite ulcerosa, inflamação crônica intestinal que afeta a camada que reveste o intestino grosso ou o cólon. Esta camada fica inflamada e com feridas na superfície, criando pus e sangue. A maioria dos parentes e o próprio médico que assinou o atestado não tinham absoluta certeza da causa da morte de Pedro. Havia duas hipóteses, de difícil comprovação por causa dos poucos recursos em equipamentos médicos: infecção generalizada por bactérias que se aproveitaram da inflamação crônica no intestino ou um câncer que espalhou suas metástases para órgãos vitais. Ninguém se preocupou com esses detalhes diante da dor da perda e o impacto que causou na família.

A maioria da população de Pato Branco foi ao velório e ao enterro no novo cemitério municipal, que ficava junto às terras do falecido. O vigário Corbiniano Koesler fez muitas orações e lembrou de memória o pioneirismo e as iniciativas de Pedro voltadas à comunidade, como a ajuda material na construção da igreja matriz, as ações sociais na comunidade e, inclusive, ter acolhido os padres, que, antes de existir a paróquia, se hospedavam em sua casa. Frei Koesler disse que deixava este mundo um homem de bem, temente a Deus, que sempre agira com correção diante de seus semelhantes, um orgulho para a família e referência a seus concidadãos. A maneira como aquele homem de negócios se comportava contribuía, segundo o vigário, para seu esforço "evangelizador e republicano".

O registro de morte e abertura de inventário foi feito por Severino Bortot em 6 de maio do mesmo ano. Pedro não deixou testamento por falta de tempo e dificuldade de definir como distribuir seus bens a cada descendente ou por não acreditar que morreria tão cedo. O conjunto do que deixou, entre serraria, moinho, indústria de erva-mate, comércio varejista, caminhões e 200 alqueires de terras cobertas de pinheiros junto ao povoado o colocava na posição de um dos cidadãos mais ricos de Pato Branco. Fortuna construída em condições adversas numa região distante de tudo, fazendo jus aos sacrifícios dos seus antepassados que emigraram para o Brasil. Pedro "fez a América", como Bortolo almejava ao se instalar na Serra Gaúcha e perceber que era preciso ampliar a área de produção agrícola ou investir na indústria para garantir uma vida melhor às próximas gerações dos Bortot.

Giuseppe ficou muito abalado com a morte do irmão. Nunca imaginou que, sendo sete anos mais jovem, Pedro iria primeiro. Mais ainda por ter sido seu parceiro de vida sofrida com a perda do pai ainda quando os dois eram crianças muito pequenas. "O Beppe (Giuseppe) conversava muito comigo. Aprendi muita coisa com ele sobre a história e as conquistas da família no Brasil", disse Setembrino Bortot, o único sobrinho vivo, em 2020, que teve convivência com Giuseppe. Severino Bortot, braço direito de Pedro, seria seu sucessor natural no comando dos empreendimentos da numerosa família.

A oferta de pinheiros nas redondezas de Pato Branco vinha diminuindo à medida que as famílias de colonos foram se instalando e se dedicando à lavoura. Eleutério, irmão sempre comprometido com os projetos coletivos, adoeceu e ficou sem condições de ajudá-lo. Sem o pai e o irmão, o desafio de Severino de conduzir os negócios familiares seria muito penoso, ainda mais por ter de harmonizar os interesses de muitos irmãos e genros herdeiros, todos com direito a dar opinião sobre o futuro.

Com falta de capital, Severino, em sociedade com dois amigos, decidiu abrir um negócio semelhante ao do pai, mas no Passo Preto, região de muita madeira e erva-mate ainda inexplorada. Os empreendimentos, até a conclusão do inventário de Pedro, e mesmo após, acabaram sendo conduzidos pela viúva Carmela com ajuda do seu filho adolescente Setembrino. Abel Bortot, a exemplo de Severino, saiu de Pato Branco e foi morar em Campo Erê para dedicar-se à pecuária. Vadico abriu seu próprio negócio. As atividades na indústria e comércio foram sendo desativadas com o passar dos anos, mas permaneceram a floresta de pinheiros e as terras de Pedro Bortot, que viraram área urbana. Carmela, que viveu até 1971, além de cuidar do patrimônio da família, se dedicou ao trabalho em prol da comunidade ao construir uma escola e doar um terreno para a construção da Igreja São Francisco. A sua filha Graciolina e as netas Lurdes e Zelide Merlo foram as primeiras professoras do hoje Colégio Estadual Carmela Bortot.

"Pedro Bortot foi um guerreiro e desbravador: inovador na indústria e comércio em Pato Branco", disse Graciolina Bortot, a última de suas filhas vivas. "Minha mãe foi exemplar, dotada de inteligência e bondade. Ajudou a construir a primeira Capela São Pedro de Pato Branco e doou o terreno para a instalação do colégio estadual que, depois, recebeu seu nome. Recordar é viver e ser grato aos que nos antecederam. A eles nossa gratidão. Registrar a história da família Bortot é tornar viva nossa cultura e nossa caminhada. A vida construiu nossos caminhos e eu andei por eles, às vezes sorri, às vezes chorei, mas sou grata por tudo que vivi por estes caminhos tortuosos que me trouxeram até aqui."

Nos anos 1960, Setembrino vislumbrou a oportunidade de um negócio inovador e promissor: a instalação em Pato Branco de um laboratório para a produção de sal mineral e ração animal. A suinocultura do sudoeste, uma das maiores do Paraná, dependia de sal e ração que vinham do centro do país. A produção local poderia ser feita com menores custos e disponibilizada aos criadores da região. Setembrino desenvolveu o projeto dentro de todas as recomendações e dos protocolos do Ministério da Agricultura em sociedade com os irmãos Agostinho e Osvaldo Silverio. Contratou profissionais especializados e construiu laboratórios em instalações com total segurança para as pesquisas e um moinho para a produção da ração. A matéria-prima de sal mineral e dos produtos químicos para a ração vinham de São Paulo. Apenas o milho e a embalagem eram de Pato Branco. A unidade industrial de ração foi instalada no Distrito de Cachoeirinha pelas condições de oferta de energia e de água.

O Laboratório Iguaçu foi um empreendimento inovador de grande sucesso até o surgimento da peste suína, que praticamente acabou com a criação de porcos por intervenção sanitária. O laboratório teve dificuldade de sobreviver até o controle da doença e a retomada da produção.

A primeira geração de doutores

Novas atividades foram sendo implementadas pela família. Giuseppe vivia grande momento de orgulho e alegria ao ver um filho e um sobrinho exercerem suas profissões em Pato Branco, após anos de estudos em Porto Alegre e em Curitiba. Heleodoro, o filho, abriu um consultório de odontologia na Avenida Tupy, em frente ao Banco do Brasil. Olivo, o sobrinho, foi contratado pelo Departamento de Estradas de Rodagem (DER) do Paraná para planejamento e execução de estradas no sudoeste, uma carreira que o levaria ao cargo de diretor-geral do DER e, mais tarde, a superintendente do porto de Paranaguá. O sucesso profissional dos dois primos indicava que a educação seria uma caminho seguro para o restante da família.

A carreira de Heleodoro na odontologia durou pouco. Seis anos após o início da profissão teve que fazer uma cirurgia de estômago que o impedia de ficar em pé por horas seguidas. Recuperado, decidiu estudar Direito na Universidade Federal de Curitiba, em 1964. Durante o curso, foi indicado pelo governador Ney Braga para trabalhar na chefia de gabinete de seu vice, Afonso Camargo. Heleodoro retornou a Pato Branco, agora como advogado. Pelo pioneirismo e seu conhecimento das leis, conquistou prestígio entre autoridades, colegas de profissão e população. Com os Bortot, tinha um papel mais de conselheiro, a não ser nos inevitáveis inventários. Zenaide, sua mulher, tornou-se uma referência na área educacional e cultural pela sólida formação intelectual e humanista, traços que marcaram sua atuação também em Curitiba, onde viveu. Como servidora pública, criou a Escola Mater Dei para formação de crianças que, anos depois, iria se tornar, sucessivamente, um colégio de segundo grau e uma das principais faculdades particulares de Direito da cidade[8].

---

8. Heleodoro e Olivo encontraram discípulos nas gerações seguintes. João Pedro Bortot, Zelide Merlo, Elgio Presotto, Idione Terezinha Bortot, Leni Maria Guzzo, Joel Justino Bortot, Pedro Soveral Bortot, Rossana Zanella, Francisco Zanella, Andrea Zanella, Cássia Bortot, Giovanna Bortot, Jacinta Bortot, Lucia Bortot, Joyce Bortot, Roberto Bortot, Iduir Bortot, Wilmar Bortot, Helio Picolo, Dilso Picolo, Susy Bortot, Fátima Miriam Bortot, Edianez Bortot, Angela Bortot, Joanico Guzzo, José Edson Bortot, Francisco Bortot e Carmen Presotto também graduaram-se no ensino superior.

Capítulo 8

O INFERNO DE DANTE

O último encontro em que estariam juntos (da dir. para esq.): Giuseppe Bortot, Francisco Zanella, entre sua irmã e sua esposa, Rosa, e Joanna.

ato Branco era uma cidade em construção em todas as dimensões, ocupação do solo, comércio, administração e serviços públicos. Apesar das expectativas de riqueza com a exploração da madeira e a ocupação de terras para agricultura, ainda iniciante, mas já dinâmica, a qualidade de vida das pessoas mostrava sua precariedade na atmosfera de violência que se espalhava pela região. Toda a semana, ouviam-se relatos de assassinatos por motivos diversos, de fúteis a acertos de contas entre grileiros. A impressão era de que o sétimo e o oitavo círculos do *Inferno* de Dante Alighieri se ajustavam àqueles fundos de mato do sudoeste do Paraná, igualmente coabitados por homicidas, ladrões, rufiões, usurários, falsários, fraudadores, aduladores, corruptos, com a única ausência, talvez, dos demônios para chicoteá-los e lançá-los às fossas e aos vales de sangue fervente.

Mergulhado em pensamentos, enquanto colhia uvas de um imenso parreiral que tinha em sua chácara no final da Rua Guarani, Giuseppe se perguntava quanto tempo a italianidade que se respirava ao redor seria preservada naquele lugar em que se convivia com gente de todas as raças. Concluiu que costumes alimentares e outros hábitos herdados de seus pais com o tempo seriam esquecidos. Ele próprio imaginava que, "quando partisse para sempre", daria um grande mergulho no "universo do esquecimento" para as gerações futuras, tendo como parâmetro a pouca informação que tinha sobre as gerações que precederam à de seu avô. Enquanto estivesse vivo, manteria a meta de produção anual de 500 litros de vinho, distribuídos em duas pipas, para o consumo da família. Nunca faltaram salame, queijo, polenta e vinho em suas refeições, sempre com mesa posta para uma grande quantidade de filhos e demais parentes. Receber as pessoas com alegria e deferência fazia parte de seus aprendizados de vida que vinham dos pais imigrantes.

Num determinado dia, Giuseppe recebeu um envelope branco com carimbo de Paim Filho. Embora a notícia fosse boa, um sentimento amargo penetrou pela garganta e chegou ao coração. Sua irmã Rosa e o cunhado Francisco enviavam um convite para a comemoração de 50 anos de casamento, suas bodas de ouro. Giuseppe lembrou que, se Angela estivesse viva, poderia ele também comemorar a data, pois casaram no mesmo dia em uma mesma cerimônia. A volta a Paim Filho para rever os parentes e amigos deixou-o alegre. Mandou fazer uma fatiota azul e um par de sapatos. Viajou de jipe com Serafim, o filho mais novo e sempre faceiro ao botar um pé na estrada. A jornada festiva do casal Zanella começou com uma missa na igreja e terminou com grande churrascada no salão paroquial. O padre fez elogios ao casal pelos valores que conseguiram transmitir aos filhos e netos. Lembrou a disposição deles de sempre ajudar a comunidade. Francisco Zanella tinha feito uma doação de parte das suas terras para a construção da capela da igreja, a casa do padre, salão de festas e área para o cemitério. Este seria o último encontro em que estariam juntos todos os filhos vivos de Bortolo: Giuseppe, Luisa, casada com Ângelo Dariva, Joanna, casada com Giacomo Gasparetto, e Rosa, casada com Francisco Zanella.

Conluio de grileiros e políticos

Os exuberantes pinheiros engrandeciam o olhar dos colonos gaúchos que foram se instalando no sudoeste para trabalhar na agricultura. Suas copas circulares que ocupavam todos os espaços, quando olhadas de longe, tinham uma simetria perfeita, algo que nenhum desenhista poderia traçar melhor. A natureza trabalhara milhares de anos para dar aquele formato de ocupação de espaço dos pinheiros, sem prejudicar outras espécies menores de árvores. A exploração da floresta foi ocorrendo na mesma medida em que as estradas e o transporte se modernizavam. Especuladores fizeram várias tentativas, sem êxito, para se apropriar daquela floresta estimada em 3 milhões de pinheiros que pertencia à União e que vinha sendo colonizada. Os colonos ocupavam pequenas áreas onde, depois de cortar e vender os pinheiros, faziam lavouras para a produção de alimentos destinados à subsistência da família. Os eventuais excedentes contribuíam para a engorda de porcos, que, vendidos, constituíam uma das poucas fontes, senão a única, de dinheiro vivo. O modelo de agricultura familiar, que se acentuou com os assentamentos da Cango, atendia a uma estratégia do governo de dar terra aos colonos gaúchos e contribuía para a formação de uma economia sustentável no sudoeste. O interesse coletivo, no entanto, era abandonado para beneficiar meia dúzia de vorazes grileiros que queriam aquele imenso patrimônio de terras para si.

Uma ação movida na Justiça de Santa Catarina, em 1920, teria um grande impacto na estabilidade econômica e social em todo o sudoeste. Um empresário catarinense, José Rupp, ganhou judicialmente uma disputa com a Brazil Railway, que deveria ter sido quitada com a entrega de terras ao vencedor. No entanto, as duas subsidiárias da empresa, a São Paulo-Rio Grande – contra a qual ocorreu a contenda – e a Braviaco, não tiveram como quitar o processo. A Brasil Railway teve seu patrimônio liquidado e os direitos sobre a região das Missões, área próxima à divisa do Brasil com a Argentina, voltaram para a União. A empresa recebera antecipadamente pela construção de um ramal ferroviário em Guarapuava e, não o tendo executado, perdeu as terras.

Em diversos recursos, o governo de Eurico Gaspar Dutra rejeitou o pleito de José Rupp por inexistência de legalidade. Com o fracasso pelos canais judiciais, o cidadão vendeu seus direitos à Companhia Comercial Paraná e Apucarana (Citla), cujos proprietários tinham intimidade, nos negócios e na política, com

Moisés Lupion (duas vezes governador paranaense (1947-1951 e 1956-1961)[9].

Com apoio de Lupion, a Citla pediu ao governo federal as glebas de Missões, Chopim, Chopinzinho, Silva Jardim e Andrada como pagamento dos créditos originais do empresário catarinense. As terras nunca foram cedidas pela União. Apesar disso, havia escrituras fraudadas e registradas em um cartório de notas do Paraná, em 17 de novembro de 1950, em nome da Citla e de um outro grupo empresarial de Clevelândia

O Conselho de Segurança Nacional mandou uma comunicação a todos os cartórios do Paraná e de Santa Catarina para não lavrarem a escritura que a Citla tinha obtido de maneira ilegal. A companhia, no entanto, que se intitulava dona das terras das Missões e do Chopim, começou a instalar serrarias e a abrir estradas para dar acesso às terras que pretendia vender aos novos colonos que chegavam todos os dias do Rio Grande do Sul e de Santa Catarina. A empresa, inclusive, construiu alguns aeroportos pela vasta região para trazer empresários interessados em grandes projetos de exploração de madeira. O aproveitamento ilegal da floresta garantiu recursos ao dono da Citla para adquirir um avião, com o qual implementou sofisticado e comprado esquema de apoio de políticos, funcionários públicos do Paraná e autoridades do Judiciário e Executivo no Rio de Janeiro. Com a aeronave, o grileiro tinha grande mobilidade para estar presente nessas esferas de governo e nas áreas griladas, onde se apresentava como legítimo dono de terras pertencentes à União.

A exploração desenfreada de pinheiros contribuiu para o surgimento do negócio de transportes nos povoados da região, especialmente em Pato Branco, onde havia melhor infraestrutura. Praticamente cada família da cidade tinha um caminhão "Fenemê"

---

9. Todas as informações, a partir daqui, sobre a Citla e a questão fundiária no sudoeste do Paraná foram extraídas: 1. De estudo feito pelo professor Ruy Christovam Wachowicz, do Departamento de História da Universidade Federal do Paraná; 2. Do depoimento do senador Othon Mader, da UDN do Paraná, no Senado Federal em 1957.

que fazia frete de madeira para União da Vitória, Curitiba e São Paulo. Em busca de apoio da população urbana, a Citla prometia construir hidrelétricas nos rios Iguaçu e Chopim e até mesmo uma grande indústria de celulose em parceria com grupos dos Estados Unidos.

A propaganda da Citla também tinha ações objetivas, como dinheiro mensal dado a algumas paróquias, espécie de cala-boca a padres, e churrascadas aos colonos de quem desejava cobrar por terra, que já lhes pertencia, por direito de posse ou que as tinham recebido gratuitamente da Cango. As tentativas de vendas fracassaram.

A Citla começa a matar

A Citla, com apoio político e policial de Lupion, partiu para ameaças verbais no começo e, depois, físicas, causando a morte de vários agricultores por jagunços que se apresentavam como corretores. A intenção dos grileiros era provocar uma escalada de violência que forçasse a configuração de conflito com os colonos, ante o qual a União teria de intervir e, talvez, desapropriar as terras griladas que estavam *sub judice*. Confiavam os grileiros que conseguiriam no Rio pressionar o governo federal a desapropriar e entregar as terras à Citla. Jagunços da empresa mataram colonos em alguns dos inúmeros povoados da região. No começo de 1957, assassinaram a mulher e os filhos de cinco e dois anos do agricultor João Saldanha por este se negar a pagar pela terra que considerava sua. Após esta violência, dois jagunços mataram Pedro José da Silva, o vereador do município de Verê que recebera dos colonos a missão de entregar um abaixo-assinado ao ministro da Justiça, no Rio de Janeiro. O crime levou a população do sudoeste a pegar em armas para reagir, pois todo o aparato de segurança do governo do Paraná estava ao lado dos grileiros. Nem mesmo uma unidade do Exército em Francisco Beltrão, instalada para dar proteção à Cango, se moveu para restabelecer a ordem legal.

Diante do desamparo, os agricultores da fronteira com a Argentina decidiram contratar Pedro Santin, experiente revolucionário gaúcho, que tinha se refugiado com a família no país vizinho, e os irmãos Belo, com o mesmo conhecimento da luta de guerrilha, para expulsar os jagunços e a Citla. Santin, os irmãos Belo e mais Pedro Pinto, outro gaúcho, estavam morando na Argentina para evitar responder na Justiça por atos praticados na Revolução de 1923 e também para fazer contrabando de gado. As estratégias de luta desses experientes combatentes, como emboscadas nas estradas que davam acesso aos acampamentos da Citla, fizeram com que os jagunços fossem presos em sua maioria, e outros, mortos. Pedro Santin chegou a liderar cerca de 2 mil colonos armados. Com os resultados, os moradores dos municípios da fronteira permaneceram armados nas praças e nas ruas a pedir justiça. Menos de um mês após esses episódios, a população de toda a região, liderada por cidadãos de Pato Branco e Francisco Beltrão, prendeu jagunços, declarou destituídos todos os delegados de polícia e alguns prefeitos.

A revolta dos posseiros

Embora não tivesse esquecido os conselhos do avô italiano para ficar longe daquele tipo de encrenca, Giuseppe, que completaria 72 anos em 12 de outubro de 1957, dois dias antes pegou seu 38, a espingarda, botou na cinta sua faquinha de prata Gazolla e disse ao filho: "Vou à Praça Getúlio Vargas para me juntar, com vizinhos e demais amigos, na luta contra a bandidagem". Domingos se armou e foi junto, apesar de o pai ter recomendado que ficasse em casa para defender a mulher e os filhos.

As terras de toda a família Bortot tinham sido adquiridas por posse e depois legalizadas, nos anos 1930, pelo engenheiro Francisco Beltrão. As duas colônias cobertas de pinheiros, boas nascentes de água e cercadas pelo Rio Vitorino, compradas em 1946 por Giuseppe no Distrito de Canela, que ficava a 23 quilômetros de Pato Branco, tinham escritura em cartório. Pai e filho estavam ali apenas pela solidariedade com a população que vivia sob constante ameaça da capangada da Citla.

Naquele primeiro dia em que os cidadãos da região decidiram tomar a delegacia de polícia, destituíram dos seus cargos o delegado, os promotores, os juízes e alguns prefeitos. Soltaram todos os presos com a condição de que retornassem à cadeia assim que aquilo tudo se resolvesse. E, de fato, os detentos cumpriram o acordo. Giuseppe e Domingos receberam a tarefa de formar uma barreira para o controle do fluxo de entrada e saída de Pato Branco na estrada que dava acesso ao aeroporto. Não precisaram fazer nenhum disparo. A maioria dos que passaram pelo local fazia parte de famílias conhecidas, alinhadas à rebelião. Dois suspeitos foram detidos e enviados à carceragem da delegacia de polícia.

O único susto que tomaram os Bortot naquela noite foi quando acordaram com um grande estrondo na sua casa – à noite foram dispensados da vigilância – e um princípio de incêndio. Um raio caiu sobre a residência. A tragédia foi evitada pela instalação de um para-raio. A descarga elétrica percorreu toda a haste de cobre em cima do telhado até chegar ao chão. Por onde passou, junto à parede, foi queimando.

O movimento dos colonos durou uma semana, tempo suficiente para o senador paranaense Othon Mader alertar as autoridades federais dos graves acontecimentos. Só então os jornais do Paraná e de São Paulo passaram a cobrir o conflito. O governo federal enviou um graduado militar a Pato Branco para negociar. Os colonos concordaram, desde que fossem respeitados seus direitos de posse e afastada a Citla. Novos profissionais assumiram os cargos vagos na delegacia, no juizado, na promotoria. Muitos jagunços foram condenados, mas os mandantes de pelo menos 14 mortes confirmadas não sofreram qualquer punição. As famílias das vítimas não receberam ressarcimento financeiro da Citla e de outras companhias imobiliárias também envolvidas. Ao contrário, as empresas e grandes proprietários que haviam grilado terras públicas acabaram sendo indenizados pela União. Só cinco anos após os acontecimentos, no governo de João Goulart, foi criado o Grupo Executivo de Terras do Sudoeste do Paraná (Getsop), ligado à Casa Militar da presidência, para legalizar a posse de terras dos colonos.

O engenheiro civil, funcionário público paranaense Deni Lineu Schwartz, nomeado titular do Getsop, fez um trabalho profissional reconhecido pelos colonos e autoridades. Acabou sendo eleito para diversos cargos públicos. O Getsop, no entanto, não conseguiu corrigir o prejuízo causado pela Citla a Domingos. Ele tinha comprado, nos anos 1950, o direito de posse de uma área de 50 alqueires cobertos de pinheiros no município de Laranjeiras do Sul para exploração de madeira quando as estradas fossem abertas e deixou um funcionário tomando conta das terras. Tempos depois, em visita ao local, constatou que seu empregado tinha sido expulso da área por pistoleiros e entregue a propriedade a uma família de colonos gaúchos. Domingos explicou que as terras já tinham dono, mas foi contestado com o argumento de que tinham comprado a área da Citla, "legítima proprietária". Recibos de pagamento das primeiras prestações foram apresentados em valor muito superior ao que Domingos pagara pela posse, que concluiu que a família que estava na área tinha sido tão vítima da Citla quanto ele. O levante armado da população, embora interpretado pelas autoridades como algo fora da ordem, tinha como objetivo exatamente restabelecer a ordem, tão importante para dar segurança às pessoas que desejavam investir e criar seus filhos em ambiente ético.

O modelo de agricultura familiar foi um sucesso até os anos 1970, quando o plantio começou a ser mecanizado. A introdução da tecnologia e a facilidade de financiamento contribuíram para a concentração de propriedades. Um grande número de pequenos agricultores vendeu suas terras para vizinhos e com o dinheiro de um hectare comprava entre 10 e 20 hectares no Mato Grosso. O sudoeste do Paraná, nos anos 1970 e 1980, perdeu cerca de 700 mil agricultores que foram desbravar o Mato Grosso, onde hoje existe um dos mais vitoriosos modelos do agronegócio do país.

A experiência vivida pelos Bortot na frente migratória do sudoeste do Paraná seria a última. Oportunidades de ofertas para aquisição de terras em Campo Mourão, no Paraná, e em Dourados, no Mato Grosso do Sul, se multiplicavam. Maior sempre foi o preço virtual que teriam que pagar em um ambiente desconhecido, onde ninguém tinha certeza de que quem vendia um punhado de terra seria um patife ou uma pessoa de bem. Por isso decidiram permanecer em Pato Branco e dar continuidade nos negócios com um pé na agricultura e outro no comércio e setor de serviços.

Iraci, exemplo de superação

As dificuldades de acesso a estradas, a alimentos, a atendimento médico estavam na cabeça da maioria das pessoas da segunda geração dos Bortot no Brasil. Uma imprudência médica no tratamento de uma fratura levou à amputação de um braço de Iraci Merlo, filho de Angelim e Rosa. O garoto esperto que vivia nadando no Rio Ligeiro, subindo em árvores, ficou encolhido em casa sem ânimo para nada. Giuseppe, vendo o sofrimento e a depressão do sobrinho-neto, explicou-lhe que a perda de um dos braços não seria motivo para deixar de fazer o que desejasse. Deveria se esforçar para se adaptar à nova situação: ensinou alguns truques no ramo da marcenaria, como bater prego com uma mão só. O garoto levou a sério os ensinamentos e, mesmo com um braço só, quando adulto fazia qualquer trabalho, como erguer um saco de 60 quilos e colocá-lo nas costas ou dirigir caminhão pelo Brasil afora. Algumas vezes foi parado pela Polícia Rodoviária Federal, mas nunca sofreu acidente nas estradas.

Mãe e irmão, a mesma dor

A idade começou a pesar nas pernas de Giuseppe, diferente da cabeça, que a cada dia parecia mais leve. O cansaço passou a acompanhá-lo nas caminhadas, ao subir uma escada e, às vezes, até mesmo quando tinha conversas longas com visitas. Sempre foi mais de observar do que de falar, mas, nessa fase da vida, escolhia bem as palavras para deixar os interlocutores animados. Sabia como ninguém entender a alma humana e dar luz às virtudes das pessoas. O jeito cordial, inteligente, de relacionar-se rendeu um patrimônio de amizades. Seu comportamento em tudo se assemelhava ao de seu avô italiano, também Giuseppe, que emigrou quase no final da vida para ver seus netos "fazer a América".

Na virada de Ano-novo de 1961, com a casa cheia de filhos, entre eles Domingos, Heleodoro, Severino, Idele, Eulália, Joanna e Idolinda, genros, noras e netos, Giuseppe pensava o que tinha semeado na vida. Idele notou o silêncio do pai e procurou animá-lo com um prato de queijo e um copo de vinho. "Vamos comer este queijo que eu fiz antes do jantar ficar pronto", disse-lhe Idele. "Amanhã, com o bom princípio de ano, ele ficará animado. Hoje vi ele providenciando doces e dinheiro trocado para dar às crianças que vierem bater aqui na porta", falou Eulália. O costume entre os vizinhos sempre foi de dar algum presente às crianças que desejassem um "bom princípio do Ano-novo".

Epílogo

Giuseppe, apesar de estar no meio de muita gente que conversava ao mesmo tempo, pensava nos filhos encaminhados em suas atividades profissionais e na geração de netos já se apresentando. O que lhe dava certa amargura era a rapidez com que o tempo passava, tão velozes as descobertas que apontavam para um mundo de maior desenvolvimento econômico. As carroças já tinham sido substituídas por automóveis e caminhões, e as casas, que eram de madeira, começavam a ser feitas de tijolos e concreto. Os bens que tinha acumulado eram importantes, mas havia outra conquista: o conhecimento, a experiência de vida e as boas relações entre a família e os amigos. Não gostava de falar sobre seu sucesso ou fracasso. Costumava dizer que uma pessoa bem estruturada nunca colocaria o dinheiro em primeiro lugar. Quem avaliasse os outros pela lente dos valores materiais poderia cometer erros, pois o mais importante nas pessoas era a virtude, a honra e o gesto de solidariedade. Ao longo da vida teve muitos imprevistos, perdas irreparáveis de pai, mãe, filho e mulher. Lutou nessas adversidades com as forças e esperanças que tinha. Só não conseguiu lidar com o tempo, que silenciosamente foi desgastando seu organismo e encurtando seu horizonte.

"Jeca, segura a mão do teu nonno"

Os gritos de "Jeca, venha aqui, correndo!" não puderam ser ignorados, enquanto eu brincava atrás da bola. Todos pararam ao verem minha tia vir em minha direção. "Venha ligeiro. Temos que ir ao hospital", disse ao agarrar minha mão e me levar rebocado para nossa casa, onde teria que tomar um banho rápido e embarcar em um jipe. Tio Serafim nos aguardava. Eu já conhecia a cara triste de minha tia, de luto desde a morte de minha avó, mas naquele dia estava também de mau humor e sem paciência para me dar qualquer explicação.

Quando subi o segundo lance de escada do Hospital São Lucas, que ficava ao lado da capela da Igreja São Pedro, vi o médico ao lado de meu avô com um equipamento enfiado na orelha e, na outra ponta, uma bolinha segurada pela mão sobre seu peito. "Segura a mão do teu *nonno*", disse-me a tia Idolina, ao abrir espaços entre o médico e a enfermeira que estava ao seu lado. A mão estava mole, sem sinais de reconhecimento da minha presença. Meu *nonno* está muito mal, pensei.

O neto não entendia a razão de estar naquela posição ao lado do médico num momento entre a vida e a morte. Pensou que só podia ser assunto do Deus da sua tia, pois de medicina não sabia nada. "Está voltando", informou o médico. "O coração começou a bater mais forte depois que o menino chegou", disse. "O nome dele é Jeca, como aquele do Biotônico Fontoura", alertou o tio Serafim ao dr. João. "É um nome significativo", disse o médico. Minhas tias pronunciaram um "graças a Deus". Por onde passava, Serafim deixava o ambiente mais leve, mas com o sobrinho e afilhado tinha uma atenção maior, especialmente quando o encontrava ao lado da cama do hospital.

"Leve o Jeca pra casa. Não é bom uma criança ficar aqui no hospital. Só não saia de casa, pois podemos te buscar se teu *nonno* piorar", disse um dos vários presentes no quarto. O jipe chegou ao final da Rua Guarani já passando do meio-dia. A fome começava a repuxar o estômago do menino, que encontrou na cozinha um pedaço de polenta com uma fatia de queijo para tapear o estômago, que desceu bem, e se serviu um copo de vinho, já que não havia ninguém para repreendê-lo.

Não demorou muito para sentir-se estonteado. Como deveria ficar em uma espécie de plantão, decidiu deitar em uma rampa na casa do vizinho, utilizada para trocar o óleo de seus caminhões: uma estrutura de madeira de dois trilhos, que ficava em um patamar elevado, bom para não ser visto de sua casa. Deitou de costas, observava a movimentação das nuvens. O efeito do vinho as deixava ainda mais misteriosas. Acima delas estava o céu, onde Deus morava, segundo o que diziam suas tias. O menino ficou curioso, a esperar que, numa fresta entre as nuvens, houvesse algum sinal da presença de Deus. Talvez Ele próprio pudesse ser visto. Lentamente, as nuvens cinzentas se fundiram com o verde do pomar da casa do avô com todo o tipo de frutas. Jeca já estava no sono. No sonho, sentado à sombra de um parreiral, comia uvas e agitava as mãos para afugentar as abelhas que sobrevoavam os cachos maduros. "Não tenha medo, diga às abelhas que você é meu amigo e elas não vão te morder", dizia o *nonno*. Acordou com os gritos de quem o procurava. O efeito do vinho tinha passado. Levou uma bronca pelo sumiço, mas não precisou voltar ao hospital naquele dia.

Jeca já andava muito triste com a situação do *nonno* entre a vida e a morte naquele leito hospitalar. Por mais sábias que parecessem aquelas pessoas vestidas de branco, muito seguras e com palavras difíceis de entender, sentia que não conseguiam dar conta da doença do avô. A cada semana, nas diversas vezes que foi levado ao hospital para segurar sua mão, ele estava mais magro, pele embranquiçada e a fala quase inaudível. "Seria a mão do neto que o mantinha ainda vivo?", perguntavam-se as filhas de Giuseppe, concentradas em suas orações.

Ⓞ dia 13 de junho amanheceu cinzento, com um vento gelado que soprava do sul. Por volta do meio-dia, as nuvens pretas começaram a despejar grande quantidade de água, o que me impediu de encontrar com os amigos para jogar futebol. Meu pai, Domingos, me mandou trocar de roupa, pois tínhamos que ir ao hospital imediatamente. Meu *nonno* estendeu a mão e me mirou com o canto dos olhos. As minhas tias rezavam sem parar o Padre Nosso e a Ave Maria, intercalados de palavras em latim, como se estivessem pedindo ajuda aos santos, em meio a soluços. Os sinais de vida de meu avô escorriam pelos dedos. A respiração dele foi ficando cada vez mais fraca até desaparecer. Silêncio. Houve ainda uma última batida do coração. O calor da pele foi esfriando lentamente. O médico se virou para mim e disse que poderia soltar a mão. "Giuseppe já não está mais entre nós. Que descanse em paz." Tomado por um frio que subia pelo estômago, meu lamento ficou preso na boca. Fui sacudido, pois estava engasgado por lágrimas que me vertiam pela garganta: afinal, só tinha 7 anos. "Graças a Deus que o Jeca chegou a tempo", disse minha tia. Fui então informado que quando soube que a doença não tinha solução, Giuseppe fez apenas um pedido, que o neto segurasse a sua mão na hora da morte.

A derradeira mensagem

Só quando já me considerava adulto percebi o real sentido do último contato do *nonno* Beppe comigo. Até essa fase da vida, tinha apenas o orgulho de, menino, ter sido o escolhido, entre tantos homens sérios e tantas mulheres decididas, para receber o aperto de mão de despedida. Passadas a infância e a adolescência, dei-me conta de que, mais do que um gesto de afeto, Giuseppe deixou um sinal de esperança nas futuras gerações da família. Passou igualmente o bastão da responsabilidade de preservar não apenas um sobrenome, mas o comportamento ético e a correção pessoal e profissional que os Bortot ostentam desde a Itália.

Idele   Joanna   Eulália   Idolinda   Domingos

Heleodoro   Dorico
             Serafim

Sobre a pesquisa

Em 12 de setembro de 2017, o clã Bortot promoveu um encontro com cerca de 360 descendentes de Bortolo e Anna Molinet no Paraná, Minas e Brasília e descendentes de outras famílias de Bortot de São Paulo e Norte do Paraná, quando foi feito um levantamento dos integrantes e suas famílias, trabalho catalogado por Ana Cristina e Giovanna. A organização do encontro, no pavilhão da igreja do Bairro Bortot (em Pato Branco, que hoje tem 86 mil habitantes, três universidades, um moderno parque industrial e tecnológico e um bairro com o nome da família), foi realizada pelas seguintes pessoas: Jacinta, Joel, Giovanna, João Pedro, Idione, Vilmar, Joyce Helena, Ana Cristina, Lúcia e Bernadete. A imprensa de Pato Branco e de Francisco Beltrão fez ampla cobertura por serem os Bortot uma das famílias pioneiras da cidade.

Após 115 anos foi restabelecida a comunicação entre os integrantes da família que ficaram na Itália e os que emigraram para o Brasil. A autora da façanha foi Paola Bortot, 55 anos, moradora de Belluno. Paola, formada em Letras e Literatura Estrangeira, se engajou no trabalho de pesquisa para chegar à origem dos Bortot na Itália: onde viviam e trabalhavam, registros de nascimento e morte em arquivos históricos e nas igrejas católicas do Vêneto. Além disso, viabilizou uma conversa reveladora com Andrea Miari Fulcis, descendente direto dos donos do feudo do conde Miari Fulcis, em visita que lhe fiz, junto com minha esposa, Patrícia Antoniazzi Saldanha, em 2012. Paola conseguiu apurar as condições em que Pedro Bortot se tornou um dos mártires de Belluno em 1849 e finalmente, em 2020, encontrou documentos que comprovam serem ela e os Bortot do Brasil descendentes de Zuanne Bortot e Catarina De Bernard. Paola é professora, tradutora de documentos para a língua inglesa e nas horas de folga trabalha como guia turística nos Alpes Italianos.

Andrea Miari Fulcis, um dos herdeiros de Modolo, mantém em seus arquivos informações seculares da história do feudo e de pessoas que trabalharam nele, especialmente do século XVII para cá. "Por cerca de 300 anos, várias gerações de Bortot foram nossas parceiras em Modolo", disse Andrea em relato feito em 2012. Os registros da igreja comprovam também que em 1702 Francesco Bortot trabalhava em Modolo e foi sendo sucedido por outros integrantes da família até por volta de 1966, com Fulcio Bortot. Apenas os Miari Fulcis desenvolvem atividade produtiva em grande parte da área original do feudo. A vila, com uma pequena igreja, casa da família Miari e habitações dos antigos meeiros, ainda está preservada. As terras cultivadas na montanha pelos Bortot pertencem hoje à Igreja.

Um dos negócios tocados por Andrea é uma espécie de hotel-fazenda, cujo nome é Nogherazza, com pista para pouso de helicópteros, para receber turistas europeus que desejem conviver com a natureza, apreciar a beleza do Monte Schiara ou jogar uma partida de golfe.

Os ascendentes de Bortolo Bortot são de muitas outras famílias, que, pela prática italiana de deixar apenas o sobrenome do pai nos registros, foram sendo esquecidos, como os Balzan, os Merlin, os Tessaro, os De Bernard, os Rovero... A eles, também, fica o registro da mesma importância na formação da nossa família e a nossa gratidão.

A família Bortot
Descendentes desde 1883

PRIMEIRA GERAÇÃO
Filhos de Bortolo Bortot
e Anna Maria Molinet

Luisa Bortot - Giuseppe Bortot - Joanna Bortot - Rosa Bortot - Pedro Bortot

SEGUNDA GERAÇÃO
Netos de Bortolo Bortot e Anna Maria Molinet

Luisa Bortot - Filhos
Angelina Bortot Dariva - Angelo Bortot Dariva - Antonio Bortot Dariva - Clemente Bortot Dariva - Hermínia Bortot Dariva - Hermínio Bortot Dariva - João Bortot Dariva - José Bortot Dariva - Júlio Bortot Dariva - Maxima Bortot Dariva - Matilde Bortot Dariva - Pedro Bortot Dariva

Joanna Bortot - Filhos
Adele Bortot Gasparetto - Amábile Bortot Gasparetto - Angeli Bortot Gasparetto - Anita Bortot Gasparetto - Antonio Bortot Gasparetto - Genoefa Bortot Gasparetto - João Bortot Gasparetto - José Bortot Gasparetto - Líbera Bortot Gasparetto - Maria Bortot Gasparetto

Giuseppe Bortot - Filhos
Joana Teodolina Bortot - Mario Bortot - Ídele Bortot Guzzo - Heleodoro Bortot - Domingos Bortot - Regina Eulália Bortot Guzzo - Dorico Serafim Bortot - Idolinda Bortot Chioquetta

Rosa Bortot - Filhos
Armando Zanella - Regina Zanella Comiran - Ida Petrolina Zanella Paese - Demétrio Zanella - Romilda Zanella Chioquetta - Maximina Zanella Fistarol - Olivo Zanella - Júlia Nair Zanella Dalmolin

Pedro Bortot - Filhos
Severino Bortot - Ledovina Bortot - Lodovina Maria Bortot Merlo - Eleutério Giacomo Bortot - Rosa Ana Bortot Merlo - Amélia Bortot Picolo - Abel Bortot - Izabel Maria Bortot - Celestina Bortot Merlin - Lodovico Bortot - Marina Bortot Francisco - Armelinda Claudina Bortot Presotto - Lídia Bortot - Adelina Bortot - Setembrino Antônio Bortot - Graciolina Deosilda Bortot - Gentil Brandelero - Antonio Marin

TERCEIRA GERAÇÃO
Bisnetos de Bortolo Bortot e Anna Maria Molinet

Joanna Bortot - Netos
Pedro Gasparetto - Osvaldina Gasparetto Vital - Loire Gasparetto Susko - Neli Gasparetto Galvani - Luiz Gasparetto - Neiva Gasparetto Gallo - Neide Maria Gasparetto Pascoali - Altair José Gasparetto - Lianara Gasparetto

Giuseppe Bortot - Netos
Santo Conte - Mario Conte - David Conte - Modesto Conte - Cecília Conte - Judite Conte - Nelso Conte - Bráulio Conte - Serafin Conte - Gládis Conte - Gelci Nair Bortot Guzzo - Nadir Antonio Bortot Guzzo - Eloi Luiz Guzzo - Ivani Salete Guzzo - Valdecir Renato Guzzo - Susy Bortot Hopker - Edianez

Bortot Faoro - Ângela Nair Bortot Pirotelli - Ivanir José Bortot - Idione Terezinha Bortot Brustolin - Joel Justino Bortot - Fátima Mirian Bortot - Ertile Antoninho Guzzo - Gemiro José Guzzo - Leni Maria Guzzo Frandoloso - Anita Angela Guzzo Biesek - Walter Alceu Guzzo - Joanico Guzzo - JoséAlfredo Bortot - Paulo Ricardo Bortot - Júlio Cézar Bortot - Hélio José Chioquetta - Eli Maria Chioquetta Dierings - Marli Salete Chioquetta - Marlei Delurdes Chioquetta - Vanderan Luiz Chioquetta - Vanderlei Marcos Chioquetta - Gelso Roberto Chioquetta

Rosa Bortot - Netos
Ipenor Zanella - Irma Zanella - Ernesto Comiran - Androssila Russi Nelson Comiran - Deoclides Comiran - Ordile Comiran Cavejon - Anair Comiran Bernardi - Zelmira Comiran Bernardi - Valdomiro Paesi - Arcelia Paesi - Terezinha Paesi - Rosalino Augusto Paesi - Nivaldo Paesi - Maria Fátima Paesi Pitt - Almir Paesi - Arquemino Zanella - Dirce Zanella Casagrande - Alirce Paulina Frigoto Zanella - Arcélia Rosa Zanella Juanazzi - Anastácio Frigoto Zanella - Marciano Luiz Zanella - Carlos Frigoto Zanella - Erenita Pedrinha Zanella - Maria do Carmo Zanella Felts - Jovilde Fátima Zenella Pilotto - Ana Marilva Zanella - Ademir José Zanella - Olívio Chioquetta - Ordile Lourdes Chioquetta - Olirdes Maria Chioquetta - Oivete de Lúcia Chioquetta Mesomo - Ivaneti Merly Chioquetta - Anamar Chioquetta Bertinato - Lucimara Chioquetta - Rossana Maria Vieira Zanella - Francisco Soveral Zanella - Andréa Vieira Zanella - Fernando Cesar Vieira Zanella - Flávio Francisco Dalmolin - Magda Ana Dalmolin Poloschi

Pedro Bortot - Netos
Euclides Bortot - Juvelino Bortot - Derci Bortot - Alziro Bortot - Pedro Alcides Bortot - Maria Delcira Dalla Libera - Dirceu Bortot - João Lauri Bortot - Angelino Irineu Bortot - Ireno Bortot - Nilce Bortot - Gelci Bortot - José Eleuci Merlo - Lenir Antônio Merlo - Zelide Carmelinda Merlo - Anivéu Merlo - Sirleide Merlo - Sílvio Cândido Merlo - Eleosir Bortot - Noé Bortot - Valcir Bortot - Pedrinha Olinda Bortot - Eunice Bortot - Arcelina Bortot de Lima - Lurdes Zelide Merlo Sutile - Pedro Iraci Merlo - Antônio Fidélio Merlo - Líbano Alziro Merlo - Antônio Dilso Picolo - Pedro Isidoro Picolo - José Davi Picolo - Hélio Domingos Picolo - Alceu Francisco Picolo - Maria Inês Bortot - Inês Maria Bortot - João Pedro Bortot - Maria Bernadete Bortot - Simão Roque Bortot - Wilmar Agustinho Bortot - Paulo Tadeu Bortot - Lúcia Marli Bortot - Jacinta Inês Bortot Ronsoni - Francisco Abel Bortot - Marli Burin - Ide Lúcia Sebben Fantinelli - Iduir Pedro Bortot - Plácido Thadeu Bortot - Joice Helena Bortot - Roberto José Bortot - Luiza Elaine Francisco - Erlide Salete Francisco - Jane Inês Francisco Riboli - Pedro Francisco - Elci de Fátima Presotto - Eli Bernadete Presotto - Carmen Eliane Presotto - Élgio João Presotto - Evânia Mirian Presotto - Pedro Soveral Bortot - Cássia Regina Bortot - Giovana Adriane Bortot

QUARTA GERAÇÃO
Trinetos de Bortolo Bortot e Anna Maria Molinet

Joanna Bortot - Bisnetos
Emerson Gasparetto - Patrik Gasparetto - Orli Vital - Marli Vital - Giovani Vital - Lisiane Vital - Elenita Terezinha Susko - Ester Susko - Cristina Susko - Cristiano Susko - Luana Susko - Endrigo Galvani - Samuel Galvani - Ianara Galvani - Douglas Gasparetto - Denifer Gasparetto - Davi Gasparetto - Adriana Gallo - Alexsandro Gallo - Luciana Gallo - Jordan Pascoali Dantas Gasparetto - Eduarda Gasparetto - Isabela Guberti

Giuseppe Bortot - Bisnetos
Floriberto Conte - Fernanda Conte Rayzel - Roberto Conte - Ângela Marieli Conte - Bárbara Roberta Ferreira Conte - Priscila

Conte Denise Conte - Leonardo Steilein Conte - Lucas Steilein Conte - Raphael Nunes Conte - Bruno Nunes Conte - Rafaelly Aloar Conte - Anna Clara Aloar Conte - Nadia Fumagalli Conte - Patrícia Fumagalli Conte - Vanessa Fumagalli Conte Rodrigues - Vandersilvo Guzzo - Vanderlene Guzzo - Elaine Cristina Guzzo - Danielle Carneiro Guzzo - Andressa Carneiro Guzzo - Mirella Carneiro Guzzo - Henrique Bortot Hopker - Ricardo Bortot Hopker - Guilherme Bortot Faoro - Carolina Bortot Faoro - Edilis Bortot Pirotelli - Marilis Bortot Pirotelli Molinari - Camilo Saldanha Bortot - Breno Saldanha Bortot - Dyogo Bortot Brustolin - Rodrigo Ribas Bortot - Júlia Ribas Bortot - Clara Bortot Camargo - Elisângela Adriane Guzzo - Rodrigo Leandro Guzzo - Tatiane Ivanez Guzzo Pizzatto - Cleverson Luiz Guzzo - Kelen Rejane Guzzo Kuster - Claudia Eliane Guzzo - Eloana Carla Guzzo Andreis - Larissa Regina Guzzo - Henrique Fiorentin Guzzo - Gibran Avelino Frandoloso - Marlon Luis Frandoloso - Angelita Regina Biesek - Mauro Emilio Biesek Júnior - Ângela Sabrina Biesek - Matheus Diego Biesek - Mariana Munaretto Guzzo - Isabelle Salomão Guzzo - Giulia Salomão Guzzo - Erine Natalie Bortot Nilson - Mairon Natam Bortot - Matheus Augusto Bortot - Cristiano Alfedro Bortot - Aline Bortot - José Felipe Souza de Arruda Bortot - Júlia Taborda Bortot - Geverson Luiz Dierings - Gilson Roberto Dierings - Marciane Chioquetta Pimmel - Marcelo Chioquetta Fiori - Maicom Jean Chioquetta - Daniela Carise Chioquetta - Raquel Cristiane Chioquetta - Ricardo de Oliveira - Marcos Felipe Chioquetta - Alexia Thais Chioquetta - Lucas José Chioquetta - Bruna Chioquetta

Rosa Bortot - Bisnetos
Valéria Dozolina Zanella Kaus - Adroaldo José Zanella - Eraldo Lourenzo Zanella - Viviane Maria Zanella - Ricardo Zanella - Maria Zanella Souza - Marcos Zanella Souza - Adair Zanella Souza - Dalmar Comiran - Dalmir Comiran - Dino Comiran - Daltro Comiran - Pedrinho Russi - Ilena Russi - Nelci Russi - Alceu Russi - Ivone Russi - Ivanilde Russi - Ivani Russi - Iloire Russi - Mauro Russi - Ivanete Comiran - Ildonei Comiran - Emerson Leandro Comiran - Fabiana Regina Comiran - Anderson Comiran - Rodrigo Cavejon - Luciane Cavejon - Wangler Bernardi - Ivan Álvaro Bernardi - Jhionatan Bernardi - Andreia Carla Lodi - Alan Cristiano Bernardi - Marta Paesi Marcelo - Rosane Paesi Marcelo - Anna Clara Aloar Conte - Cintia Paesi - Andreia Paesi - Adriano Paesi Pitt - Henrique Paesi - Gabriel Paesi - José Zanella - Maristela Zanella - Vera Zanella - Carla Zanella - Valter Juanazzi - Waléria Juanazzi Spinello - Adriana Juanazzi Ferreira - Evandra Zanella - Eleandra Zanella - Juliane Zanella - Silas Zanella - Márcio Zanella - Marcieli Zanella -Marieli Zanella - João Carlos Zanella - Júnior Zanella - Laércio Zanella - Ana Zanella - Rosane Zanella - Eduardo Felts - Ana Paula Felts - Fabrício Zanella Pilotto - Deise Zanella Pilotto - Taís Zanella Pilotto - Manoela Zanella Carniel - Eloisa Tonial Zanella - Andreia Tonial Zanella - Luiz Alfedro Chioquetta - Rossaly Beatriz Chioquetta Lorenset - Jackson Luiz Chioquetta - Roseane Chioquetta Stédile - Márcia A. Moreira Bertotto - Adriane de Fátima Moreira - Cristiane Mesomo Trombetta - Alexandre Mesomo - Tiago Mesomo - Felipe Bertinato - Guilherme Bertinato - Patrícia Chioquetta Bueno - Francisco Chioquetta Bueno - Mariana Chioquetta Bueno - José D'Almeida Garrett Neto - José Guilherme Zanella D'Almeida Garrett - Maryah Zanella D'Almeida Garrett - Gabriel Trippia Zanella - Letícia Zanella Sais - Fernanda Nicácio Zanella - Pedro Dalmolin - Mateus Dalmolin - Camile Paloschi - Artur Paloschi Dutra

Pedro Bortot - Bisnetos
Vilmar Jauri Bortot - Wilson Bortot - Rozeli Bortot - João Maria Bortot - Zelide Bortot Migliorini - Jamir Bortot - Gentil

Bortot - Anage Bortot - Edeluz Bortot - Lucélia Bortot - Rama Cleuza Suzet Bortot - José Edson Bortot - Nilsa Bortot Climacheski - Dianete Bortot Sviderski - Simone Plestch Bortot - Silvane Plestch Bortot - Silvia Plestch Bortot - Cleber Bortot - Elcinei F. Bortot Ruaro - Elso S. Bortot - Flávio J. Bortot - Sérgio Bortot - Cleide Rejane Dalla Libera - Carlos A. Dalla Libera - Elizete Bortot - Elivete Bortot Schabarun - Edemiltom Bortot - Ivanete Bortot Morcelli - Elivete Bortot Schabarun - Edemiltom Bortot - Ivanete Bortot Morcelli - Ademar Bortot - Edinéia Bortot - Eliane Bortot - Jairo Bortot - Gilberto Bortot - Lucas Eduardo B. Bortot - Elizeu Bortot - Sônia Francieli Bortot - Gláucia Aparecida Merlo - Elisângela C. Merlo - Flávio Ignácio Merlo - Sandra Merlo - Vinícius Merlo - Michelle L. Correia - Marcia Giacomini Guero - Claudia Giacomini - Giuliane Titon - Vitor Sílvio Merlo - Gisele Bortot - Marlei Bortot - Ivonei Bortot - Jocelei Bortot - Nicelei Bortot - Eliane Bortot - Elaine Bortot - Eleide Bortot - Enio Goedert - Giovane Goedert - Jane Goedert - Marcos Rony Bortot Pires - Márcio Cesar Bortot Pires - Tânia Regina de Lima - Paulo Henrique de Lima - Silvana Beatriz Sutile - Ana Eliza S. Koslinski - Ivan Roberto Sutile - Sílvia Fátima Merlo Zanin - Evandro Paulo Merlo - Graciele R. Merlo - Bertinato Mauro Antônio Merlo - Márcio Ângelo Merlo - Ângela Cristina Merlo - Clauber Henrique Merlo - Tânia R. Merlo Dalla Valle Daina - Cristina Merlo - Adriane Catarina Picolo - Ana Cristina Picolo - Antônio Dilson Picolo Filho - Luciana Picolo Bordum - Camila Picolo Marquezi - Maria Lara Picolo - Priscila Picolo - Caroline Picolo - Maria Angélica Bortot Saggin - Pedro Henrique Bortot - Ana Vitória Bortot - Mateus Bortot - Laila Genoefa Bortot - Marília Carmela Bortot Detoni - Alfredo Emílio Bortot - Laura Bortot - Paula Andrade Bortot - Paulo Tadeu Bortot Filho - Marcelo Lima Bortot - Lais Lima Bortot - Abel Antonio Ronsoni - Júlia Ronsoni - Raquel Ronsoni - Alexandre Bortot - Eduardo Bortot - Carolina Bortot - Jean Ricardo Burin - Ana Paula Burin Pastorello - Maurício Fantinelli - Maiara Fantinelli - Heloisa Bortot - Iduir Pedro Bortot Filho - Marcos Eduardo Bortot - Thiago Thadeu Bortot - Matheus Pedro Bortot - João Vitor Bortot - Bianca Bortot Cadore - Luiz Henrique Bortot Cadore - João Gabriel Bortot Cadore - Júlio César Trevisan - Emanuelly Francisco Bhau - Telmo Francisco Riboli - Alana Riboli - Lucas Moreno Francisco - Bruno Ceni Neto - Heloisa de Cássia Ceni - Carlos Ceni Filho - Samanta Seko Momoi Presotto - Lucas Ossamo Momoi Presotto - Cristiane Patricia dos Santos - Tais Claudina dos Santos - David Fernando dos Santos - Victoria Rotava Bortot - Pedro Luiz Bortot - Iza Carmela Bortot Cardozo

QUINTA GERAÇÃO
Tetranetos de Bortolo Bortot e Anna Maria Molinet

Joanna Bortot - Trinetos
Valentina Gasparetto - Leonardo Gasparetto - Pedro Gasparetto - Geferson Vital - Dieny Vital - Vitor Vital - Alex Wolff - Tais Wolff - Cristian Michel Vital - Tiago Daniel - Gabriela Gilioli - Mariana Elenita Susko Silva - Pedro Susko Silva - Milena Susko Fermiano - Matheus Susko Fermiano - Yuri Ribeiro - Rômulo Ribeiro - Caueli Susko - Ana Vitória Galvani - Mateus Galvani - Luiz Antônio Gasparetto - Lucas Gasparetto - Brenda Gasparetto - Carlos Augusto Gasparetto - Queila Gallo - Alexssandro Antônio Gallo - Italo Gallo

Giuseppe Bortot - Trinetos
Laís Conte Rayzel - Vinícius Ferreira Conte Norberto - Theo Conte Pyrrho - Arthur de Oliveira Conte - Carlos Eduardo Conte Bonetti - Luiz Felipe Conte Bonetti - Estela Conte Pereira da Silva - Heitor Conte Pereira da Silva - Fernando H. Guzzo - Eduardo Guzzo - Milena Guzzo Nicaretta - Felipe Guzzo

Nicaretta - Renato Contato Guzzo - Carolina Guzzo Hergert - Guilherme Guzzo Munaretto - Elisângela Adriane Guzzo - Vinícius Antônio Carletto Guzzo - Renan Gustavo Carletto Guzzo - Heloísa Beatriz Carletto Guzzo - Artur Gabriel Carletto Guzzo - Ricardo Guzzo Pizzatto - Leonardo Guzzo Pizzatto - Caio Guzzo Pizzatto - Pedro Guzzo Pizzatto - Júlio César Guzzo Kuster - Patrícia Guzzo Kuster - Eduarda Guzzo Grocelli E. Silva - Gustavo Guzzo Grocelli E. Silva - Augusto Guzzo Andreis - Maria Helena Guzzo Andreis - Maysa Araujo Frandoloso - Enzo Bortot Nilson - Tomazo Bortot - Nicolas Bortot - Ricardo Bortot - Antony Dierings - Bernardo Dierings - Murilo Dierings - Artur de Oliveira - Lorenzo Faoro Schmidt - Martina Pirotelle Molinari

Rosa Bortot - Trinetos
Laura Kaus - Paula Kaus - Pedro Kaus - Maurício Zanella - Izadora Zanella - Giovana Zanella - Júlia Zanella - Helena Bellofialho - Gabriel Bellofialho - Maria Luiza Zanella - Miguel Zanella - Jean Michel Comiran - Mikael Veloso Comiran - Mikaella Veloso Comiran - Ivan Roberto Comiran - Diogo Ricardo Comiran - Ana Carolina Comiran - Sofia Rafaela Comiran - Anderson Russi de Almeida - Luana Russi de Almeida - Regis Russi - Alessandra Russi - Leonardo Russi - Josiane Cristina Russi - Kaike Russi de Lima - Luana de Oliveira - Luan de Oliveira - Gabriel de Oliveira - Yan Pedro Russi - Yuri Gabriel Russi - Rafael Dalla Costa - Rosana Dalla Costa - Luiza Caroline Comiran - Gustavo Luiz Comiran - Emerson Leandro Comiran Júnior -Julia Maressa Comiran - Larissa Carolina Comiran - Mateus Comiran da Silva - Emanuel Comiran da Silva - Ghiovana Vitória Comiran - Luiz Fernando Comiran - Gabriel Cavejon - Gustavo Cavejon - Bruno Bernardi - Kevin Bernardi - Gian Lucas Bernardi - Giane Regina Bernardi - Ana Júlia Faria - Bethania Marcelo - Eloisa Marcelo - Júlia Marcelo - Natália Marcelo - Lais Conte Rayzel - Murilo Paesi - Amanda Pitt - Guilherme Pitt - Isadora Pitt - Naviano Juanazzi - Flávio Juanazzi - Laís Caroline Spinello - Otávio Augusto Spinello - Isabela Ferreira - Rafaela Ferreira - Vinícius Zanella - Bianca Zanella - Gabriel Zanella - Kauan Zanella - Eduardo Zanella - Júlia Zanella - Ana Livia Zanella - Antonio Kulmann Felts - Valentina Lara Tito Pilotto - Júlia Pilotto Mattiuz - Jorge David Mattiuz - Mariana Chioquetta - Aluisio Chioquetta - Laura Chioquetta - Caroline Chioquetta Lorenset - Larissa Chioquetta Lorenset - Ivor Lorenset Júnior - Ana Lígia Mazzocco Chioquetta - Gabriel Chioquetta Stédile - Maria Clara Chioquetta Stédile - Fernando Bertotto Filho - Luís Eduardo Bertotto - Cecília Mesomo Trombetta - Henrique Mesomo Trombetta - Lívia Bacchi Bertinato - Júlia Bueno Meneghati - Luiz Otávio Meirelles Bueno - Davi Felipe Pavloski Bueno

Pedro Bortot - Trinetos
Anderson Bortot - Paulo Roberto Bortot - Maria de Lurdes Bortot - Émerson Bortot - Alex Bortot - Eduardo Bortot - Édina Bortot - Éder Bortot - Marta Bortot -Vanessa Bortot - Elton Euclides Bortot - Ana Maria Bortot - Márcia Bortot - Fernanda Bortot - Éverton Bortot Migliorini - Edson Bortot Migliorini - Vitor de Medeiros Bortot - Stefani de Medeiros Bortot - Giovanna Luiza Antunes Bortot - Gabriel Antunes Bortot - Ricardo Henrique Bortot - Rafaeli Bortot Borges - Maria Vitória Bortot Rama - Mateus Bortot Rama - João Fernando Bortot - Lívia Beatriz Martins Bortot - Igor André Martins Bortot - Jocemara Climacheski - Daiane Bortot Sviderski - Daniele Bortot Sviderski - Maria Eduarda Bortot Fole - João Felipe Bortot da Rosa - Emanueli Bortot da Rosa - Ana Valentina Bortot Schimidt - Pietro Miguel Bortot - Paula Dalcin - Giovana Dalla Libera - Carlos Ermínio Dalla Libera - Pedro Henrique Dalla Libera - Eliomar Rodrigo Freitas - Ilionara Regina Freitas - Tainam Paulo Schabarun

- Willian Bortot - Welson Geremias Bortot - Camila A. Morcelli - Kagisa de Fátima Morcelli - Kariza Salete Morcelli - Keslen Maria Morcelli - UelintonWinter Bortot - Estefani Winter Bortot - Maria Luísa Bortot Américo - Lauani Luiza Bortot - Graça Maria Lerner Bortot - João Felipe Bortot - Vinícius Bortot - Isadora S. Bortot - Antoni Bortot Comunello - Adrian Bortot Comunello - Jedieli Maisa Bortot Fabro - Ana Maria Pires - José Augusto Pires - Inácio A. Merlo Faversani - Ane Caroline Guero - Laura Giacomini Ferreira - Mateus Giacomini Ferreira - Gabriela Luisa Titon - Arthur Henrique Titon - Isabela Merlo - Sabrina Gasperin - Felipe Gustavo Koslinski - Mariana Estela Koslinski - Fernanda Sutile - João Pedro Sutile - Mylena Merlo Zanin - Manoela Merlo Zanin - Isabella Merlo Zanin - Ana Maria Merlo - Angelo Merlo - Pedro Merlo Bertinato - João Merlo Bertinato - Ana Luisa Merlo - Julia Elisa Merlo - Augusto Merlo Semler - Clauber Henrique Merlo Júnior - Leonardo Merlo - Gabriela H. Merlo Dalla Valle - Isabela Luísa Merlo Dalla Valle - Camile Picolo Nichele - Vitoria Picolo Nichele - Bruno Picolo Bordum - Samuel Picolo Marquezi - Vicente Picolo Marquezi - Mariane Picolo - Natália Bortot Detoni - Beatriz Bortot Detoni - Otávio Augusto Muller Bortot - Ricardo O. Burin - Rafaela O. Burin - Eduardo O. Burin - Maria Fernanda Burin Pastorello - João Marcelo Burin Pastorello - Maria Eduarda Burin Pastorello - Victor Gabriel da Silva Fantinelli - Maria Laura Bortot - Isabelly Vithoria Bortot - Ana Vitória Bortot Ribas da Luz - Henrique Trevisan - Heloísa Trevisan - Maria Cecília de Toledo Takaki Ceni - Lívia Claudina Brustolin

SEXTA GERAÇÃO
Pentanetos de Bortolo Bortot e Anna Maria Molinet

Giuseppe Bortot - Tetranetos
Manuela Fernanda Guzzo

Pedro Bortot - Tetranetos
Ketlyn Beatriz Rafaghin Bortot - Sabrina Branco Bortot - Rafael Branco Bortot - Renen Branco Bortot - Sthefani Beatriz Carnaiba Bortot - Letícia Carnaiba Bortot - Vitória Carnaiba Bortot - Júlia Bortot - Ana Laura Koslinski

Setembrino e Graciolina, netos vivos
de Bortolo, com Normélia Bortot.

Tia Agnese e sua sobrinha
Giò De Pasqual.

Domingos, Luiz Chioquetta e Heleodoro no
primeiro encontro da família.

Referências bibliográficas

CALDEIRA, Jorge. *A história da riqueza no Brasil*. Ed. Estação Brasil, Rio de Janeiro, 2017.

DANTE, Alighieri, *A divina comédia*, tradução de José Pedro Xavier Pinheiro, 1822-1882. *eBooksBrasil.com*

DOURADO, Ângelo. *Voluntários do martírio*, Ed. Martins Livreiro, Porto Alegre, 1997.

FONTOURA, João Neves da. *Borges de Medeiros e seu tempo*, Editora Globo, 1958.

FONTOURA, João Neves da. *A Aliança Liberal e a revolução de 1930*, Editora Globo, 1962.

MADER, Othon. *A rebelião agrária do sudoeste do Paraná em 1957*. Senado Federal, Brasil, 1957.

VENDRAMINI, Ferrucio. *Tutela e autotutela degli emigranti tra Otto e Novecento*. Associazione Bellunense nel mondo. Belluno, 2002.

VOLTOLINI, Sittilo. *O retorno, origens de Pato Branco*, Ed. Artepress, Pato Branco, 1996.

VARGAS, GETÚLIO. *Diário de Getúlio Vargas sobre revolução de 1930*. Fundação Getúlio Vargas Editora, 1995.

WACHOWICZ, Ruy Christovam. *Paraná, Sudoeste: ocupação e colonização*, Casa da Cultura de Pato Branco. Pato Branco, 1987.

Fontes de pesquisa

Arquivos institucionais
Igreja Matriz de Caxias do Sul (RS)
Igreja de Caravaggio de Farroupilha (RS)
Arquivo Histórico da Cidade de Belluno
Igreja de Castion (Belluno)

Arquivos pessoais
Pesquisa de documentos e fotos (publicadas neste livro)

Andrea Miari Fulcis
Breno Saldanha Bortot
Fátima Miriam Bortot
Fulcio Bortot
Francisco Zanella
Giovana Bortot
Idione Bortot Brustolin
Ivan Faoro
João Pedro Bortot
Joyce Bortot
Paola Bortot
Patrícia Saldanha
Paulo Bortot
Rosa Bortot Merlo – *in memoriam*

Edição e design gráfico
Clô Barcellos

Capa
Foto das montanhas de Belluno (cedida por Andrea Miari Fulcis)
Família Bortot (cedida por Francisco Zanella)
Fotografia na 4ª capa, Belluno, Itália (Paulo Bortot)

Revisão
Célio Klein
Grafia segue Acordo Ortográfico da Língua Portuguesa de 1990, adotado no Brasil em 2009.

Revisão italiano
Traduzca

Dados Internacionais de Catalogação na Publicação
Bibliotecária **Daiane Schramm** – CRB 10/1881

B739t   Bortot, Ivanir José
Tutti brasiliani: Dos Alpes Italianos ao Brasil, fragmentos de memória de 300 anos dos Bortot / Ivanir José Bortot. - Porto Alegre: Libretos, 2020. Reimp., Libretos 2021.
200p.: il.; 15,7x22,7cm
ISBN 978-65-86264-24-1
1. Literatura. 2. Imigração. 3. Italianos. 4. Descendentes.
I. Título.

CDD: 325.2

Reimpresso em outubro de 2021
Copiart/SC/Brasil

Miolo papel pólen soft 80 gramas
Capa cartão triplex 250 gramas

Libretos Editora
Rua Peri Machado, 222 bloco B 707
Bairro Menino Deus, Porto Alegre/RS/Brasil
90130-130

www.libretos.com.br
libretos@libretos.com.br
Facebook e Instagram
@libretoseditora

Província de Belluno, Itália

Breno Bortot

Pato Branco, Paraná, Brasil

Prefeitura de Pato Branco/Rodinei Santos

Tutti brasiliani

Libretos

Livro composto em Minion Pro
e Lucida Blackletter, com 208 páginas,
impresso sobre papel pólen 80 gramas,
pela Copiart de Tubarão/Santa Catarina,
em outubro de 2021, passados 138 anos
da chegada da família de Bortolo Bortot e
Anna Maria Molinet ao Brasil.